# El Estilo de Vida Minimalista y Ordenado

*¡Usa el minimalismo para ordenar tu hogar, mente, presencia digital y la vida familiar de hoy en día para vivir un estilo de vida minimalista más satisfactorio con menos preocupaciones!*

## Por Estela López

# Tabla de Contenidos

# Introducción

Felicitaciones por adquirir *El Estilo de Vida Minimalista y Ordenado*, y gracias por hacerlo.

Los siguientes capítulos discutirán muchas áreas de este tema, comenzando con la definición. Nos sumergiremos en una breve historia de este movimiento y sus principales conceptos. Este libro también te mostrará por qué el orden es tan beneficioso para el bienestar emocional y mental y por qué deberías adoptarlo en tu propia vida.

Después de leer este libro, también comenzarás a entender la extensa cultura del consumismo en la que vivimos y por qué nos han dejado a muchos infelices. Aprenderás cómo el minimalismo puede ser un antídoto para esta sociedad superficial e hiperconsumista. Una vez que nos hayamos adentrado en la filosofía que subyace a esta idea, comenzaremos a presentar una guía práctica sobre cómo puedes ordenar tu hogar de habitación por habitación.

No solo aprenderás a ordenar tus espacios físicos, sino que también aprenderás a organizar tus espacios mentales. Como sociedad, llenamos nuestras mentes con conversaciones incesantes que ocupan un valioso espacio en nuestros cerebros y nos impiden estar completamente presentes en cada momento. Una vez que hayas aprendido a ordenar tu mente, este trabajo te mostrará cómo ir un paso más allá y organizar tu vida. Limpiar tu vida te permite hacer espacio para aquellas cosas que realmente importan.

La parte final de este libro te guiará a través de cómo no cometer errores y garantizar que puedas traducir esta filosofía en un estilo de vida sostenible a largo plazo.

Existen muchos libros sobre este tema en el Mercado. ¡Gracias de nuevo por elegir este! Cada esfuerzo fue hecho para garantizar que esté lleno de tanta información útil como sea posible. ¡Por favor, disfruta!

# Capítulo 1: ¿Qué es el minimalismo?

El mejor lugar para comenzar es por el principio. Este capítulo te proporcionará un resumen básico de lo que el minimalismo trata. Primero, pasaremos un tiempo definiendo el término y también vamos a conocer una breve historia de la palabra tal como se ha utilizado en la música, el estilo de vida y el arte. Trazaremos los orígenes de este método a través de filósofos griegos antiguos y tradiciones espirituales milenarias. Aprenderemos acerca cómo el minimalismo es usado hoy en día y por qué las personas recurren al movimiento.

El estilo de vida minimalista es definido como vivir con menos posesiones. Sin embargo, al contrario de los errados conceptos populares, esto no se trata de vivir en un departamento vacío con una silla y una sola taza de café. Todo lo contrario: esto es sobre eliminar cosas de tu vida que realmente no necesitas, lo que te da la capacidad de basar tu vida en experiencias en lugar de posesiones.

La palabra minimalismo viene con muchas cosas. Las personas que lo escuchan, inmediatamente piensan que no pueden ser dueños de un carro o una casa, deben viajar por el mundo y vivir de una mochila y, que deben privarse de las cosas que aman. El minimalismo no es sobre deshacerse de las cosas que amas. Esto se trata de deshacerse de "cosas" que solo desordena nuestras vidas. En el espacio que consiguientemente creas, eres más capaz de apreciar las pertenencias que realmente enciendan la alegría en ti. Esta filosofía, en esencia, tiene que ver con el valor —manteniendo las cosas que verdaderamente valoramos y deshaciéndonos de las cosas que no.

El término "minimalismo" fue acuñado indirectamente por Robert Wolheim, un crítico de arte que intentaba encontrar una manera de describir una estética que se extendía por el mundo del arte del momento. La palabra que él usó fue "contenido artístico mínimo", aunque, eventualmente, esta frase torpe se simplificó en el "ismo" que conocemos y usamos actualmente.

El movimiento tiene algunas de sus raíces más antiguas en los escritos del antiguo filósofo griego Epicuro, quien escribió que una vida feliz era una vida sin problemas y que una vida sin problemas era obtenida a través de una cuidadosa consideración con respecto en donde se gasta el tiempo y la energía. La tesis principal de Epicuro sobre este punto afirmó que los desafíos de mantener un estilo de vida de extravagancia superaron en gran medida la alegría que uno recibe de ese estilo de vida en primer lugar. Henry David Thoreau fue otro famoso minimalista que escribió sobre sus experiencias con la vida simple y sostenible en su libro *Walden*. El tiempo de Thoreau en las costas de Walden Pond impregna la consciencia literaria estadounidense cuando los estudiosos reflexionan sobre las ideas de simplicidad y vida consciente.

El minimalismo es también el nombre de un movimiento artístico que se extendió por las décadas de los años cincuenta y sesenta. Este movimiento se caracterizó por sus formas simplificadas, generalmente masivas y extremadamente simplistas. El objetivo del medio artístico era permitir que la mente encontrara la compra en la naturaleza esencial de la pieza removiendo todos los adornos, campanas y silbatos.

Existen famosos minimalistas entre ellos se incluyen a Donald Judd, Frank Stella, Sol Lewitt, Carl Andre y Eva Hesse. Un minimalista moderno es Yayoi Kusama, una artista japonesa que fue reconocida por su estilo único de pintura de lunares. Todos estos artistas utilizaron el punto de vista reducido de esta filosofía para crear obras de artes únicas e impresionantes.

Si bien la forma del arte puede parecer no relacionada con el estilo de vida, en esencia, ambos capturan el mismo espíritu: permitir que la mente humana mire profundamente la naturaleza de algo (ya sea una obra de arte o la propia vida) para encontrar su verdadero valor y significado.

Quizás, las raíces más antiguas del minimalismo, aunque, se remontan a las tradiciones relacionadas del mundo. Este fue el precursor de algunas de las tradiciones religiosas documentadas más antiguas, como la secta Sramana de la edad de hierro de la India ya para el año 1200 a.C. Figuras antiguas como el Buda y los nazareos de la biblia también abrazaron la creencia de que menos pertenencias y, por lo tanto, menos apegos al mundo material permitían espacio en la mente de uno para la contemplación espiritual. Para estos líderes y fundadores espirituales, hacer espacio físico en sus vidas hizo un espacio metafórico para la conexión espiritual.

Una de las más profundas influencias en el movimiento minimalista moderno han sido las enseñanzas de la tradición budista zen. Los grandes fundamentos de la tradición budista zen y el budismo en general, llevan al minimalismo a ser una creciente natural de su filosofía espiritual. En esencia, este conjunto de tradiciones espirituales demandan que los adherentes abandonen los apegos y aumenten la atención en sus vidas cotidianas.

Desde el pasado antiguo hasta hoy, esta filosofía está viva y bien. Existen muchas personas que se han hecho famosas al documentar su estilo de vida en línea, como Leo Babauta. Las personas se están volviendo cada vez más inquietas hoy en día para encontrar algún tipo de verdadero significado en sus vidas y cada vez más estresadas por la carga de cosas.

Algunas personas están abandonando por completo las trampas tradicionales del éxito y se están mudando a camionetas y viajando por el país. Otros están reduciendo el tamaño del espacio en el que viven para ahorrar dinero y energía mental, que es una de las razones detrás de la locura de la pequeña casa que ha surgido en los últimos años. Sin embargo, muchas otras personas viven en apartamentos y casas de tamaño perfectamente normal, pero siguen reduciendo el número de posesiones que poseen.

El minimalismo y el orden están teniendo un momento de esplendor debido a la creciente popularidad de un especial de Netflix sobre la limpieza de tu hogar. A pesar del estado actual de la filosofía, hay una oportunidad real de crecimiento y mayor felicidad en este estilo de vida.

Hay muchas razones por las cuales las personas se vuelven minimalistas. No todos tienen el deseo de convertirse en monjes budistas y abandonas todos sus apegos a las pertenencias materiales. Es posible que desees vivir en una casa pequeña y descubrir cómo reducir tu cantidad de posesiones para que quepan en ese espacio. O puedes tener un hogar de tamaño normal y simplemente sentirse estresado e infeliz. De cualquier manera, el orden puede ayudarte a encontrar satisfacción y ponerte en contacto con lo que realmente valoras en la vida.

# Capítulo 2: ¿Por qué ordenar?

Ahora que hemos establecido una definición, explorado brevemente el contexto del término en el arte y la cultura, y delineado sus orígenes seculares y espirituales, podemos responder a la insistente pregunta: ¿por qué ordenar en absoluto?

En primer lugar, este capítulo pasará un tiempo describiendo las razones por las que acumulamos "cosas" y la psicología de las pertenencias extrañas. Entre estas razones se encuentran la necesidad de parecer exitoso hacia las personas, la sensación de seguridad que conlleva poseer las cosas y el miedo a la escasez que nos hace aferrarnos a cosas que simplemente no necesitamos.

Luego, este capítulo explorará los efectos negativos en la salud metal que el desorden trae a nuestras vidas, y posteriormente, brindaremos información sobre los beneficios para la salud mentar que puede otorgar un espacio libre de desorden.

## ¿Por qué acumulamos "cosas"?

En la sociedad americana y en la sociedad occidental en general, tenemos ciertas lecciones aprendidas desde que somos jóvenes. Para ser considerados exitosos a los ojos de nuestros compañeros y a los ojos de nuestra cultura, necesitamos ser dueños de ciertas cosas. La interpretación más clara de este sueño es una gran casa suburbana con una cerca blanca, un golden retriever de raza pura en el patio y uno (preferiblemente dos) carros nuevos y brillantes estacionados en el camino de la entrada.

Cuando las personas no saben lo que realmente valoran o quieren en la vida, estas dejan de vivir sus vidas por otras personas, no por sí mismas. Si no saben lo que quieren, estas buscan adquirir lo que todos los demás dicen que deberían desear. El problema con esto es que ellos terminan con una vida de cosas caras, una gran cantidad de deuda y muy poca felicidad.

A parte de adquirir cosas sin pensar para cumplir con estándares arbitrarios de éxito social, también adquirimos cosas debido a la sensación de seguridad que puede tener muchas pertenencias físicas. Estar rodeado de cosas, especialmente cosas caras y modernos, puede hacernos sentir bien con nosotros mismos y con nuestras vidas. Así como los animales construyen nidos para dormir, los humanos también construyen espacios para descansar y lo llenan de cosas para sentirse cómodos. Sin embargo, hay una delgada línea entre un cómodo sofá en el que descansar y treinta cojines diferentes para sentarse en ese sofá.

La razón final por la que acumulamos pertenencias se debe a un miedo programado culturalmente a la escasez. No solo estamos capacitados para creer que para ser felices debemos acumular muchas pertenencias, sino también estamos capacitados para creer que lo contrario es cierto: que la pobreza es humillación porque los pobres no pueden comprar indiscriminadamente como parte del ciclo interminable de consumo.

Como miembros de una cultura, estamos capacitados para creer que ser pobre es una de las peores cosas que podemos ser. Y ser pobre está asociado con la falta de pertenencias. Por lo tanto, para evitar verse y sentirse pobre, acumulamos muchos tipos diferentes de pertenencias —muchas de las cuales en realidad no necesitamos—. Obviamente, hay muchos niveles de razonamiento incorrecto, pero el efecto final es el mismo. Las personas terminan con un hogar lleno de cosas que realmente no necesitan debido a un miedo cultural profundamente arraigado de lo que sucedería si renunciaran a todas sus cosas.

## El desorden y la salud mental

Para poner las cosas simples, el desorden en tu espacio exterior es un reflejo directo del desorden en tu espacio interior. Las personas que tienen muchos elementos superfluos que ocupan espacio en sus casas tienden a tener mentes más caóticas y sentirse menos en control de sus vidas. ¿Alguna vez has entrado en el espacio de otra persona y se sintió inmediatamente estresado por todas las pertenencias apiladas en todas partes? Ahora, imagina vivir en ese constante estado de estrés. Incluso si el número de pertenencias que hemos acumulado o está en el nivel de una situación de acumulación, la mayor cantidad de elementos que ocupan espacio en tu campo visual aumenta los niveles de estrés.

Se han realizado varios estudios científicos sobre este tema y se ha introducido un término que ayuda a hablar sobre este tema: "higiene mental". Esta es una forma más técnica y oficial de hablar sobre el desorden mental. Se ha demostrado que las personas que tienen una gran cantidad de pertenencias en espacios pequeños tienen respuestas de mayor estrés en general y se sienten menos descansadas en sus espacios hogareños.

El número de elementos en una casa ocupa espacio en el campo visual. Cuando existe una gran cantidad de elementos en el campo visual, la mente es mucho menos eficiente en el procesamiento visual. Esto, a su vez, significa que tu cerebro tiene que trabajar el doble para entender lo que está mirando.

No solo conduce a un procesamiento visual menos eficiente, sino que el desorden conlleva a un pensamiento menos eficiente en general. Debido a los elevados niveles de estrés que sienten las personas que viven en hogares desordenados, sus cerebros tienen que trabajar mucho más duro solo para realizar tareas básicas en comparación con las personas normales. Este estrés puede provocar agotamiento, fatiga e infelicidad. Vivir en el desorden también se demostró en un estudio científico que hace que las personas tomen decisiones dietéticas peores. Cuando las personas se sienten abrumadas, tienen más probabilidades de comer alimentos que sean convenientes y reconfortantes, lo que tiene más efectos negativos en su salud.

En resumen, existen muchas razones por las que el desorden es malo para ti. Desde un punto de vista puramente practico, el desorden hace que sea más difícil moverse por tu casa y encontrar lo que estás buscando. Sin embargo, un problema más profundo y más preocupante es la forma en que el desorden nos hace menos saludables mental y físicamente. Deshacerse del exceso de cosas no solo puede ayudarte a ganar tranquilidad, sino que a su vez puede agregar años a tu vida.

### Beneficios de la organización

Pasamos mucho tiempo en este capítulo describiendo por qué el desorden es malo para ti. Pero la acción de organizar no necesita abordarse desde un lugar de miedo y el deseo de evitar consecuencias negativas para la salud física y mental. Aunque, por supuesto, estos son motivadores útiles. Existen muchos beneficios positivos que el principio de minimalismo puede aportar a tu vida. Entonces, respondamos la pregunta: ¿por qué ordenar?

La respuesta más simple es que mejorará tu vida. Hay muchas personas y regímenes que prometen una "píldora mágica" o una "bala mágica" que resolverá tus problemas y arreglará tu vida. Estos regímenes hacen promesas extravagantes y casi siempre se quedan cortos, pero son atractivos porque prometen que no tendrás que hacer ningún trabajo para mejorar las cosas.

Uno de los mayores beneficios que las personas reportan sentir después de ordenar es una nueva sensación de libertar. Cuando las personas liberan su apego a tantas pertenencias innecesarias, finalmente se sienten liberadas. Se dan cuenta de que no eran dueños de sus pertenencias; sus pertenencias los poseían. Desacoplarse de elementos que no aportaron un verdadero valor a sus vidas les permitió obtener una sensación inmediata y profunda de alivio.

Después de ordenar, asimismo las personas reportaron métricas aumentadas de felicidad y satisfacción con sus vidas. Cuando eliminaron los factores estresantes del exceso de pertenencias, sus hogares dejaron de sentirse como un enemigo y se convirtieron en el refugio reparador que se suponía que debían ser en primer lugar.

La acción física de organizar también te ayuda a identificar qué elementos realmente te traen alegría. Al deshacerse de todo lo que no aporta un verdadero valor a tu vida, solo te quedan aquellas cosas que mejoran la calidad de tu vida. Al deshacerse de estos elementos en exceso, también puedes responder la gran pregunta: ¿Qué es lo que realmente valoras en tu vida? Y luego puedes enfocarte en esas áreas. Esta es una excelente manera de redescubrir y refinar tus pasiones.

Alguien puede tener una casa llena de novedades coleccionables de trenes. Pueden tener carteles de ferrocarril, maquetas de trenes, fotos, carteles y otros objetos. Asimismo, pueden tener una cámara. A través del acto de organizar, pueden descubrir que lo que realmente les da alegría es el acto y el pasatiempo de capturar diferentes tipos de trenes en videos. De esta manera, pueden eliminar restos extraños, pero conservan la cámara. En este caso, han descubierto el corazón del minimalismo: encontrar el corazón de lo que te brinda felicidad, conservar estos elementos y deshacerte del resto.

Sin mencionar que esta filosofía también es excelente para tu billetera. Cuando te das cuenta de lo que realmente valoras, evitas comprar artículos que realmente no necesitar o quieres. Cuando evitas compra artículos en exceso, ese dinero permanece en tu billetera, lo que te brinda una mayor estabilidad financiera. Finalmente, a su vez es excelente para el medio ambiente. Si compras menos artículos, tu huella de carbono es inmensamente menor.

El desorden es simplemente malo para ti. Te tropiezas en tu casa y esto hace que lo que debería ser un lugar de refugio sea un lugar de estrés, y se vuelve más doloroso limpiarlo. Además de los problemas puramente logísticos, el desorden también te hace menos saludable mentalmente. Aumenta el nivel de hormona del estrés en tu sistema y disminuye la eficiencia de procesamiento tanto de tus ojos como de tu cerebro. Sin embargo, al abandonar el desorden y retomar la filosofía del minimalismo, tu higiene mental mejora drásticamente. Las personas que adoptan el minimalismo encuentran no solo hogares más limpios, sino también una mayor satisfacción con sus vidas y una mejor capacidad de comprender quiénes son y qué valoran en la vida.

# Capítulo 3: El minimalismo en el mundo de las cosas

Hasta ahora, hemos expuesto la definición y la historia del minimalismo, así como también por qué las personas deberían adoptar esta filosofía. Este capítulo te llevará por la parte más vulnerable de la cultura estadounidense que tantos de nosotros hemos olvidado examinar. Esta pondrá al descubierto varios supuestos culturales que nos hacen acumular tantas cosas que simplemente no necesitamos. Una vez que hayamos revelado los detalles de esta programación cultural, este capítulo definirá cómo la filosofía minimalista contrarresta directamente esa programación. Asimismo, exploraremos cómo se desarrolla esa programación cultural a nivel del individuo y las creencias dañinas que nos ha arraigado, de igual forma cómo podemos usar el minimalismo para comenzar a sanar esas creencias sociales dañinas.

## Sociedad occidental, capitalismo y consumismo

La base de nuestra sociedad es el capitalismo, y su consecuencia natural, el consumismo. Primero, repasaremos algunas definiciones. El capitalismo se define como un sistema económico controlado por propietarios privados con fines de lucro. En el capitalismo, el beneficio es el rey. El objetivo, entonces, es generar la mayor ganancia posible. Para hacer esto, las compañías privadas han publicitado y engañado sin cesar a las personas para que compren cada vez más artículos. Esto es consumismo.

Cuando la economía se basa en el capitalismo, la meta es generar cantidades cada vez mayores de dinero. Para generar cantidades mayores de dinero, las empresas necesitan vender cantidades cada vez mayores de bienes y servicios. Y los consumidores deben comprar constantemente estos nuevos bienes y servicios. Este sistema económico es defectuoso por dos razones. Primero, supone una cantidad infinita de recursos de la Tierra para crear nuevos bienes y servicios, ciertamente, sabemos que los recursos del planeta Tierra son finitos. En Segundo lugar, esto asume que los consumidores tienen una cantidad infinita de espacio en sus hogares y vidas para llenar de cosas.

Este segundo defecto en el diseñado de nuestro sistema económico nos ha llevado a llenar nuestras casas con cantidades cada vez mayores de cosas, mientras que la cantidad de espacio que tenemos se ha mantenido igual. No obstante, lo que es peor, nos engañan para que compres o alquiles cosas más grandes para que podamos acomodar todas las cosas que hemos acumulado. Quizás lo más devastador de todo, nosotros, como sociedad, hemos sido atraídos a una cinta de correr de consumo sin fin y sin sentido. El término "terapia minorista" ha surgido para describir cómo las personas intentan encontrar alivio del estrés mediante la compra de artículos; irónicamente, esos mismos artículos causan aún más estrés a medida que se acumulan en los hogares de las personas.

Sin que los consumidores compren constantemente nuevos bienes y servicios, el sistema se desmorona. Entonces, en nombre del autoconservación, el sistema tiene que trabajar muy duro para seguir convenciéndonos de continuar comprando nuevos artículos. La economía entraría en caída libre mañana si todos decidieran de repente que no necesitaban un carro nuevo o un televisor nuevo, o que simplemente podrían reparar algo que estaba roto, en lugar de comprar un dispositivo nuevo y brillante.

Existe un número finito de cosas que los humanos necesitan para satisfacer todas sus necesidades básicas. En un nivel puramente funcional, una vez que hemos adquirido los elementos básicos que necesitamos para sobrevivir y un cierto grado de comodidad y autorrealización, realmente no necesitamos más elementos. El trabajo de estas compañías, consiguientemente, es convencernos de lo contrario. Lo hacen secuestrando nuestra sensación de bienestar y seguridad, haciéndonos creer que si no poseemos estos elementos, entonces nuestra vida no será tan segura, feliz o plena.

Los daños de este secuestro son triples. En primer lugar, están las cosas excesivas que afectan nuestra casa y nos causan estrés. En segundo lugar, existe el daño a nuestra salud mental y sentido de autoestima por ser constantemente atacados por la publicidad y los medios de comunicación. En tercer lugar, existe el efecto del agotamiento de los recursos en la Tierra que impulsa nuestro consumo sin fin. En los últimos cien años, los humanos han matado al sesenta por ciento de la fauna animal, talaron más e la mitad de los árboles de la Tierra y causaron grandes daños y contaminación a los océanos, ríos y paisajes del mundo —todo en beneficio de alimentar el ciclo el consumismo—.

Vivimos en una sociedad que cree, en general, que hacerse ricos y tener muchas posesiones automáticamente hará feliz a alguien. No me malinterpreten, tener suficiente dinero para pagar alimentos, vivienda, atención médica y otras necesidades básicas reduce en gran medida el estrés de la vida. Pero la mentalidad del consumidor es una cosa completamente diferente. A pesar de la máxima cosa cultural común de que "el dinero no puede comprarte la felicidad", nadie parece creerlo.

Debido a que hemos aprendido a equilibrar las pertenencias con la felicidad, no sabemos cómo ser felices sin pertenencias. Muchas personas ni siquiera pueden imaginar cómo podrían ser felices sin todas sus cosas. Esto nos ha llevado a una corriente de olvidar cómo ser feliz y dónde reside la verdadera fuente de la felicidad.

Aquí es donde la idea del minimalismo cambia el ángulo de un simple método para deshacerse de las cosas a una filosofía completa que puedes usar para vivir tu vida. Nuestra sociedad ha tenido tanto éxito en convencernos de que necesitamos comprar cosas para ser felices, que hemos olvidado cómo ser felices sin comprar cosas.

Entonces, ¿Cuál es la verdadera fuente de la felicidad?

Las verdaderas fuentes de felicidad son cosas que parecen tan evidentemente obvias que, para la mayoría de las personas, parecen banales. Cuando las personas están en sus lechos de muerte, sus arrepentimientos no se centran en desear haber comprador más pertenencias materiales. Los cinco remordimientos más comunes en el lecho de muerte son sorprendentes por su simplicidad. Las personas moribundas desearían no haber trabajado tan duro y haber pasado más tiempo con las personas que les importan. Estas desean tener el coraje de expresar sus sentimientos. Desean haber hecho tiempo para las personas que eran importantes para ellos. Lo más crucial para nuestro punto aquí, es que desearían haber tenido el coraje de vivir sus vidas como realmente querían, en lugar de vivir para cumplir las expectativas de otras personas o seguir el guion que nuestra sociedad nos ha presentado.

El minimalismo es una forma de evitar terminar con estos remordimientos porque es cómo apartarse del guion social y redescubrir las cosas que realmente importan.

**¿Cómo te afecta la programación cultural?** (900)

En virtud de crecer en una sociedad, estamos programados por las expectativas de esa sociedad. Muchas personas nunca se dan cuenta de esto. Es similar a cómo un pez nunca se da cuenta de que esta nadando en el agua. Cuando estas inmerso en algo, puede ser difícil percibirlo. Esta fuerza invisible nos hace sentir inseguros, constantemente necesitando probarnos a nosotros mismos y medir nuestro valor según los estándares de éxito de otras personas.

*Inseguridad*

Con el fin de mantenernos comprando artículos que no necesitamos, la maquina ha trabajado incansablemente para convencernos de que necesitamos sus productos. Sin embargo, ¿cómo convence a alguien de que necesita su producto? Bueno, existen algunas maneras de hacer esto. Existe el elemento de "FOMO" o "miedo a perderse" que las marcas buscan crear en su publicidad. Esto hace que las personas crean que se están perdiendo experiencias de vida cruciales o que sus vidas no son tan vibrantes o satisfactorias si no tienen los productos que se muestran en la pantalla.

Una compañía de automóviles puede mostrar a algunos jóvenes elegantes y conduciendo por una carretera en un descapotable y acercándose a una fiesta. El mensaje subliminal es que tu vida es aburrida y sin incidentes y que si deseas que se muestre el tipo de felicidad en la pantalla, entonces necesitas comprar el carro. Ciertamente, el carro no te brindará la experiencia, pero estamos engañados para gastar decenas de miles de dólares en la creencia errónea de que lo hará.

Otra forma en que las empresas se aprovechan de nuestras inseguridades es haciéndonos pensar que no somos lo suficientemente buenos a menos que tengamos sus productos. Esto es especialmente cierto en las comunidades afroamericanas, donde la piel más justa se equipara con la belleza; esto ha llevado a un auge en la venta de kits para blanquear la piel. Estos productos son dolorosos y peligrosos, pero las fuerzas publicitarias y culturales les dicen a las mujeres que, a menos que su piel sea más clara, son feas.

Los productos cosméticos —y cualquier producto comercializado realmente para mujeres— son quizás los mayores responsables de esta tendencia negativa. Toda la industria gana dinero al convencer a las mujeres de que no son lo suficientemente delgadas, que no son lo suficientemente bonitas y que no son lo suficientemente buenas. Pero con la compra de este producto milagroso, ¡pueden serlo! Y una vez que tengan el producto, serán hermosas, y una vez sean hermosas, serán felices.

Excepto que todos sabemos que no es así como funciona realmente.

### Probándonos a nosotros mismos

Las compañías que gobiernan el panorama de medios en el que vivimos, nos fomentan inseguridad desde una temprana edad. Debido a que las personas se sienten inseguras, estas se sienten con la necesidad constante de demostrar su valor. Esto es especialmente cierto entre los hombres de la cultura occidental. Estos necesitan demostrar su poder, fuerza, estatus social y capacidad para atraer a una pareja, para que no se conviertan en objeto de burla.

Las métricas de éxito que nos brinda nuestra sociedad son un arma de doble filo. En primer lugar, las personas internalizan la creencia de que necesitan poseer ciertas cosas para ser felices. En segundo lugar, juzgan duramente a otras personas que no son propietarias de esas cosas. Al final, no son solo las compañías las que nos convencen de comprar cosas; la presión social y el miedo al juicio por no poseer un determinado artículo también contribuyen a los hábitos de compra de las personas.

Imagina a un hombre hipotético trabajando en una oficina. Todos a su alrededor tienen un carro de alta gama, y su carro es usado y abollado, sobresale como un pulgar dolorido en el estacionamiento. No ha comprado un carro nuevo porque tiene una cantidad significativa de deuda de préstamos estudiantiles y las finanzas son ajustadas. Sin embargo, comienza a sentir la presión mientras sus compañeros de trabajo bromean sobre su carro. A pesar de que no es capaz de pagarlo, cede y adquiere una cantidad significativa de nuevas deudas para que y no se sienta inseguro.

Cuando somos empujados, la presión social y el juicio social de las personas que nos rodean, terminamos tomando decisiones basadas en las ideas de otras personas sobre cómo deberíamos vivir, en lugar de cómo realmente queremos vivir. Esta es también una forma de vida que se basa en evitar el dolor, el juicio y la alineación. Es una forma de vida basada en evitar lo negativo, en lugar de una forma de vida basada en la búsqueda de lo positivo.

Existen muchos marcadores tradicionales del éxito que la sociedad nos dice que debemos tener para ser considerados estables y exitosos. La propiedad de vivienda y la propiedad de automóviles (nuevos) son dos de los grandes. No obstante, también hay otros marcadores más pequeños. Estos incluyen las últimas modas, raza pura, mascotas de diseño, una televisión de cierto tamaño; y muchos otros tipos de artículos exclusivos.

Si no tenemos estas cosas, la sociedad nos dice que hemos fallado. Lo que es peor es que nos hemos condicionado tanto para creer que necesitamos estas cosas para el éxito que también empezamos a creer que hemos fallado. En verdad, simplemente hemos estado operando según los estándares de éxito de otra persona.

La belleza del minimalismo es que finalmente te permite recuperar el control de tu propia vida. Serás capaz de dejar de definir tu vida según los estándares de éxito de otras personas y comenzar a descubrir qué significa el éxito para ti. Todos tienen una definición diferente porque la vida y la felicidad de todos tienen su origen en cosas diferentes.

Una de las cosas más valiosas que el minimalismo puede enseñarte es cómo comenzar a vivir tu vida para ti mismo y no para otras personas. Esos arrepentimientos que las personas tienen en su lecho de muerte casi siempre provienen de simplemente seguir las fuerzas externas de la vida, en lugar de decidir conscientemente moverse a través de la corriente. Es difícil decidir cambiar la relación de uno con las posesiones materiales, especialmente cuando vivimos en una sociedad que nos ha enseñado a juzgar y ser juzgados por otros cuando no son dueños de ciertas cosas. Cultivar un estilo de vida minimalista es, en última instancia, también un acto de compasión — no solo para otras personas cuando dejas de juzgarlas— sino también hacia ti mismo para liberarte de una vida que nunca fue realmente tuya, para empezar.

# Capítulo 4: ¿Cómo ordenar tu espacio?

La acción de ordenar puede parecer mucho trabajo, y puede serlo —pero esto no tiene que hacerse todo a la vez—. Además en el proceso de organización, comenzarás a descubrir más que solo más espacio en el piso. Comenzarás a encontrar una apreciación más profunda de tus pertenencias y una mayor apreciación de tu vida en general. Ahora que hemos discutido los fundamentos filosóficos de la idea del minimalismo, es hora de pasar a algunos pasos prácticos para ayudarte a ordenar tu hogar. Este capítulo proporcionará orientación sobre cómo ordenar seis áreas diferentes de la casa, incluidas salas de estar, cocinas, dormitorios, armarios y ropa, y áreas de almacenamiento.

## Un signo sobre estar abrumado

Cuando miras hacia abajo del canon de una pistola, puede parecer extremadamente intimidante. Al mirar alrededor de tu casa, es posible que no sepas por dónde comenzar. Al igual que con cualquier viaje importante, como decidir ponerse en forma, cambiar de carrera o comenzar un nuevo negocio, el gran tamaño de la tarea por delante puede hacer que las personas se congelen —puede causar tanta ansiedad que nunca superen el punto de partida—.

Existen algunos consejos para ayudarte a dar el primer paso en tu travesía. Lo primero es lo primero, ¡respira! No te mentalices antes de comenzar a ordenar. Trata de elegir un día cuando estés en un estado mental relajado para comenzar a ordenar y vivir un estilo de vida minimalista.

En segundo lugar, toma las cosas de una en una. No necesitas hacer todo de una vez. No tienes que abordar toda tu casa en un día. Solo elige una habitación. Y luego, en esa habitación, elige un espacio, como una estantería o una mesa de café. Cuando recién empiezas, incluso un pequeño progreso es mucho progreso.

En tercer lugar, recuerda que la actitud que estás promoviendo en el camino es tan importante como el acto físico de la limpieza. Incluso si parece que las pilas de cosas nunca se resolverán, solo tómate un momento y date cuenta de que estás haciendo un trabajo importante no solo en tu entorno sino también en tu propia mente. Entonces, realmente, estás haciendo el doble de la cantidad de trabajo, excepto que la mitad de eso está ocurriendo en tu cabeza.

Cuarto, toma descansos. No es necesario que tengas una sesión de maratón en la que realices todo en una racha ardiente de productividad. Divídelo en sesiones más pequeñas. La ciencia a de la productividad nos muestra que nuestra capacidad de atención puede centrarse en una tarea durante cuarenta minutos a una hora como máximo. Después de esa hora, tómate un breve descanso. Ese descanso ayudará a minimizar el estrés y mantenerte lo suficientemente fresco como para seguir adelante.

Finalmente, ¡hazlo divertido! Si estás viendo esta tarea como un estudiante de secundaria mirando su tarea de geometría, será mucho más difícil hacerla. Tal vez, podrías invitar a un amigo y recordar los elementos que estas ordenando. Puedes contar historias divertidas a medida que organizas. Y, por supuesto, nadie dijo que tuvieras que ordenar cuando estas cien por ciento sobrio. Dicho esto, no te vuelvas loco. Todavía quieres tener la presencia mental para tomar algunas decisiones difíciles.

Con lo mencionado anteriormente, ¡vamos a comenzar!

## Sala de estar

La sala de estar es donde pasamos la mayor parte de nuestro tiempo de inactividad. Por lo tanto, es natural que acumules una gran variedad de objetos de casi todos los ámbitos de nuestras vidas. Ya sea que estemos sentados en el sofá viendo una película, en el piso jugando con nuestros hijos, o reunidos alrededor de la mesa absortos en un juego de mesa, o simplemente acurrucados y disfrutando de un buen libro, muchas actividades diferentes suceden en esta sala. Sin embargo, eso también la convierte en un lugar privilegiado para tirar los patines de hockey cuando tienes prisa, tirar tu paraguas o abandonar ese proyecto de artesanía a medio hacer. Entonces, ¿cómo manejas esta habitación?

*Comienza con un cajón*

Este pequeño consejo se remonta al hecho de que es extremadamente fácil sentirse abrumado por este proceso. Por lo tanto, tiene sentido comenzar con un objetivo que sea pequeño, confinado y fácil de terminar. Una vez que termines, tendrás una sólida sensación de logro que podrás utilizar para mantener la motivación.

Dependiendo del contenido del cajón, tu sistema organizacional variará de un cajón a otro. Sin embargo, una recomendación general es que deberías poder encontrar fácilmente lo que estás buscando con un vistazo cuando lo abras. Pon todo lo que no uses en una pila y organiza el resto. Es posible que desees considerar la obtención de bandas de goma para asegurar los cordones sueltos, que pueden enredarse fácilmente cuando se empujan dentro de un cajón. También, puedes considerar obtener pequeñas cestas o divisores para ayudarte a organizar el contenido de tus cajones.

*Superficies planas*

Limpia todas y cada una de las superficies planas. Esto incluye el sofá, la mesa de café, la parte superior de la estantería —todo—. Las superficies planas son como imanes para el desorden. Terminamos colocando artículos allí y luego ponemos aún más cosas encima de esos artículos. Estas superficies recogen polvo y el desorden acaba creciendo.

Comienza con el sofá. Recoge los restos que pueden haber aparecido allí. ¿Ropa suelta? Ponla en el dormitorio. ¿Has olvidado los proyectos de tejer?

Hazlos a un lado. Recuerda que eventualmente querrás meterse entre los cojines. Una vez que hayas ordenado la superficie, saca los cojines. Te sorprenderás lo que encuentres. Recoge cualquier dinero suelto y tira cualquier trozo de comida que encuentres. Es posible que desees considerar utilizar la aspiradora.

Dirige tu mirada a otras superficies planas. ¿Ves la mesa de café? Lo más probable es que también haya acumulado una buena cantidad de desorden. Tómate un momento para considerar cada elemento. ¿Sigue siendo inminentemente útil para tu vida? ¿Y te trae felicidad? Si la respuesta a cualquiera de esas preguntas es "no", entonces inclúyelo en la pila de donaciones.

Otro artículo que tiende a acumularse en las mesas de café (y en pilas a los lados del sofá y metido en estanterías) son las revistas viejas. Lo más probable es que una vez hayas leído esa revista, no la vuelves a leer. ¿Por qué aferrarse a ella? Siempre puedes donarla a tu biblioteca local o simplemente depositarla en la papelera de reciclaje.

*Estanterías*

Hablando de artículos literarios, echa un vistazo a esa estantería tuya. ¿Tienes algo apretado que no sea un libro o sujeta libro? Tendemos a atascar cosas en la estantería y esas cosas no siempre son libros. Saca todo de tu estantería. Examina todo tu material de lectura. Lo más probable es que tengas tomos escondidos allí que nunca volverás a leer. ¿Un libro de texto de ciencias de la universidad? Tíralo. ¿Un libro para niños en una casa llena de adolescentes? Dónalo.

Una vez que hayas reducido tu material de lectura, mira los otros diversos artículos que sacaste de la estantería. Sigue la misma regla: si no planeas usarlo en el futuro previsible, y no te trae alegría, deshazte de él.

### Artículos rotos

Es también probable que hayas acumulado una serie de elementos rotos. Tal vez fueron empujados entre la estantería y la pared, quizás se estaban escondiendo debajo del sofá. De cualquier manera, está roto. Si no es práctico y sabes que este artículo está más allá de tu capacidad de reparación, ¿por qué aferrarse a él? Es mejor botarlo.

A veces, nos gusta aferrarnos a los artículos porque creemos que podremos usar una parte para reparar otro elemento que no funciona. O tal vez tenemos el sueño que tomaremos una clase o aprenderemos el conjunto de habilidades necesarias para repararlo. O quizás estamos esperando que venga un amigo que sea lo suficientemente conveniente como para solucionarlo. Todos estos sueños son imposibles. No hay razón para aferrarse a algo que no funciona.

*Aborda el resto de tus cajones*

Comenzaste con un cajón, ahora termina con el resto. Guardamos todo tipo de cosas en nuestros cajones, como bolígrafos, pilas de papel, documentos importantes, juguetes para niños, útiles de oficina, etc. Pero esos artículos se mezclan y desordenan fácilmente.

Saca todos los elementos del cajón y ponlos en una pila. Clasifícalos en elementos que realmente usas, y elementos que nunca usas. Una vez que los hayas ordenado, clasifica aún más los elementos que deseas conservar. Luego, designa un cajón para cada categoría de los artículos. Es posible que también desees usar pequeños Tupperwares, cestas o gomas para ayudar a mantener limpio el interior de tus cajones.

## Cocina

La cocina es donde haces el sustento que comes, por lo tanto, es importante que esta sala se mantenga ordenada y sanitaria. Si estás constantemente estresado por estar rodeado de desorden, probablemente harás elecciones alimenticias muy pobres para ti.

### Vajilla

Una de las cosas más fáciles de hacer es comenzar con los platos en el fregadero. Lávalos todos. Luego, una vez que estén limpios, guárdalos. Esto alivia de inmediato parte del desorden que está ocupando espacio donde no debería estar y hace que la tarea sea un poco menos desalentadora. Una vez que tu fregadero está limpio, puedes comenzar.

En cuanto al tema de los platos, pregúntate si tienes vajilla de lujo que nunca usas, pero que guardas supuestamente para "cuando venga la visita". Como alguien que ha sido dueño de esta vajilla elegante, puedo dar fe que nunca la uso, incluso cuando la visita está. Dónala o véndela. Lo mismo podría decirse de tu colección cada vez mayor de tazas de café. Nadie necesita una taza de café para todos los días del mes.

*Superficies planas*

Al igual que con la sala de estar, las superficies planas de la cocina son imanes para el desorden. Esto incluye encimeras, mesas y sillas. Retira todo lo que no pertenezca a la cocina y llévalo a la habitación adecuada. Puedes resolverlo más tarde en la otra habitación, pero por ahora, solo sácalo de la cocina.

Una vez que hayas limpiado todas tus superficies planas, comienza a clasificar tus artículos en pilas. Clasifícalos por artículos que realmente usas y / o que te brindan felicidad y artículos que no lo hacen. Dona los artículos en la última pila.

Cuando estas clasificando tus superficies planas, es probable que encuentres algunos libros de cocina. En la época de Internet, la mayoría de las personas pueden buscar una receta rápidamente. Si eres alguien que tiende a buscar recetas en línea en lugar de en un libro, tener un libro de cocina no te hará mucho bien. Probablemente sea mejor donar cualquier libro de cocina que tengas por ahí. Dicho de esta forma, si tienes un libro de cocina que tiene un valor sentimental (como ser transmitido a través de tu familia) o si es una de las especies raras de personas que realmente examinan las recetas escritas, continúa y conserva algunas. Dona las que no uses.

*Utensilios e implementos de cocina*

Tendemos a recolectar utensilios de cocina y otras herramientas con el tiempo. Ya sea tu cuarta espátula, tu tercer tazón para mezclar o tu segundo cuchillo de cocina, algunas cosas tienen que irse. No hay razón para acumular cinco bandejas para hornear, a menos que estés trabajando en una panadería clandestina en tu cocina, nadie está produciendo esa cantidad de galletas.

Organiza tus artículos. Elige los de mayor calidad y / o los que usas con más frecuencia. Si tienes un recipiente para mezclar Pírex que te ha sido heredado por tu abuela y, por lo tanto, tiene un gran valor sentimental para ti, continúa y agárralo. Hay una línea fina pero definida entre librar nuestra casa de exceso de cosas y privarse de los elementos de tu vivienda que te brindan verdadera alegría a tu vida.

Una de las muchas cosas de las que todos tenemos es el uso de guantes de cocina. Es posible que hayas acumulado una colección digna de Smithsonian de estas cosas a lo largo de los años. Nadie necesita diez pares de guantes de cocina, así que hazte un favor y guarda los mejores y tira el resto.

*Refrigerador y despensa*

La purga también incluye alimentos. ¿Cuándo fue la última vez que hiciste una limpieza profunda a tu refrigerador o despensa? Para muchas personas, solo examinan de cerca el contenido de estos lugares cuando se mudan a un nuevo hogar. Los artículos caducados pueden estar al acecho en los estantes del refrigerador por años a la vez.

Comienza con un nuevo refrigerador o despensa a la vez. Verifica las fechas de vencimiento. Tira cualquier alimento que haya pasado su fecha de vencimiento. Por supuesto, si está en un reciclable, primero vacía el producto alimenticio en la basura, y luego, recicla el recipiente en el que fue empaquetado.

Haz esto hasta que hayas revisado todos los estantes de tu refrigerador y despensa. Una vez que los estantes estén limpios, hazle una buena limpieza. Si está vacío, es mejor que le des una limpieza profunda, ¿verdad?

Esto tiene dos propósitos. Primero, elimina los riesgos para la salud. La comida vencida puede ser un caldo de cultivo para las bacterias y ponerte en riesgo de contraer enfermedades transmitidas por los alimentos. En segundo lugar, deja espacio en tu refrigerador para los alimentos que realmente comerás. Esto aumenta la eficiencia de los espacios de tu refrigerador y despensa.

Asimismo, deberías completar este proceso con tu estante de especias. Lo más probable es que haya algo de orégano escondido allí desde la última administración presidencia. Mantén solo las especias que usas con regularidad y bota todo lo que haya caducado.

*Aparatos de cocina*

Todos hemos sido contactados por esos infomerciales de las 2 a.m. que anuncian el último aparato de cocina. Ya sea que se trata de una galleta de huevo, una base de plátano o algún otro artilugio, la mayoría solo se usa una o dos veces antes de ser empujados a la parte posterior de un armario. Revisa tus aparatos y bota los polvorientos.

*Tupperware*

Probablemente existe un armario o estante en tu cocina dedicado a una montaña de Tupperware. Esta es una categoría problemática de artículos para acumular. La parte más frustrante de guardar las sobras es la búsqueda de veinte minutos de un contenedor que tiene una tapa a juego.

Organiza tus contenedores y une las tapas con ellos a medida que avanzas. Cualquier cosa que no tenga tapa o cualquier tapa que no tenga recipiente deben ser donada o reciclada. Una vez que solo tengas conjuntos coincidentes, órdénalos. Lo más probable es que no necesites casi tantos contenedores como ya tienes.

*Debajo del fregadero*

Este es el lugar donde la mayoría de la gente guarda sus productos de limpieza. También es un lugar donde las bolsas de plástico comúnmente se empujan hasta que se acumulan en una masa que ocupa la mitad del gabinete. Si estas almacenando bolsas de plástico aquí o en cualquier lugar, haz un favor y elimina la mayoría de ellas. Muchas tiendas de comestibles tienen contenedores en los que puedes dejarlas para reciclar.

Los productos de limpieza también se mantienen generalmente debajo del fregadero. Si bien estos son vitales para mantener tu espacio spic y span, revisa las etiquetas. Probablemente tengas algunos artículos caducados acechando por allí. Además, purga todo lo que no hayas usado en meses y no te veas usándolo en cualquier momento.

*Cajón de basura*

Finalmente, el cajón de basura. Cada casa tiene uno. Este es el lugar donde guardamos baterías, varios trozos de cuerda y alambres para cerrar las bolsas de pan. No me malinterpreten, este cajón contiene útiles pero también es una pesadilla desordenada.

Vacía el cajón. Ordena sobre de todos los artículos. Desecha todo lo que ya no sea funcional, como paquetes de salsa de soja o baterías agotadas. Ahora, coloca los elementos que deseas guardar dentro, utilizando trucos organizativos como separadores de cajones, gomas o cestas pequeñas.

## Dormitorios

La habitación donde descansamos al final del día debe sr un oasis de calma y serenidad, lo que nos permite dejarnos llevar por los sueños. Sin embargo, para muchos, el dormitorio se convierte en un pantano de ropa y otras parafernalias. A menudo, lo último que la gente ve antes de quedarse dormida es un caos desordenado. Con este fin, separemos el dormitorio en cinco secciones que deben abordarse. Los armarios y ropas serán tratados en la siguiente sección.

*Mesitas de noche y superficies planas*

Como se indicó anteriormente, las superficies planas tienden a acumular elementos a medida que pasa el tiempo. Esto incluye las mesitas de noche, armarios y la parte superior de los aparadores. Esos artículos incluyen viejos pares de anteojos para leer, libros descartados a medio leer antes de acostarse, revistas o ropa arrojada descuidadamente.

Escoge una superficie y límpiala por completo. Una vez que los artículos que estén fuera, frota bien la superficie. Después de todo, es mejor aprovechar la oportunidad de hacer una limpieza profunda. Tal como lo hiciste antes, separa los elementos que están rotos o que de alguna u otra manera no sirven.

Luego, clasifica los artículos en aquellos que usas regularmente o que mejoran la calidad de tu vida. Cualquier otra cosa se puede poner en la pila marcada para donación, reciclaje o la basura.

*Debajo de la cama*

Además de ser el escondite preferido de los monstruos, este espacio también es donde se juntan los conejos de polvo, así como una gran cantidad de artículos olvidados. Ya sea que cayó allí, accidentalmente fue empujado debajo, o fue puesto allí intencionalmente pero luego olvidado, nunca estas seguro d lo que vas a encontrar debajo de la cama.

Limpia este espacio y clasifica los elementos como se describió anteriormente. Haz la limpieza profunda como se describió anteriormente. En lugar de volver a colocar elementos aquí, intenta ver si hay otros lugares donde puedas almacenarlos. Como un hecho adicional, mantener el espacio debajo de la cama libre de desorden es una forma útil de prevenir chinches.

*Zapatos extraños*

Tendemos a acumular muchos tipos diferentes de zapato a lo largo de nuestras vidas, tradicionalmente se acusa a las mujeres de ser los peores perpetradores, pero los hombres también pueden ser culpables de esto. Los zapatos pueden terminar metidos en el armario, debajo de la cama o acechando en rincones polvorientos y olvidados. Para facilitar el proceso, clasifica tus zapatos en categorías como sandalias, zapatos de vestir, zapatos de invierno y tenis.

Mantener las cosas estacionales es importante. El hecho que sean los meses de verano y solo uses sandalias no significa que debas tirar tus botas de invierno. Por el contrario, si estas ordenando durante los meses de invierno, no deberías tirar todas las sandalias solo porque el verano parece un sueño lejano.

Una vez que hayas eliminado los que no has usado en el último año, deberías idear una forma de mantener los zapatos que necesitas a mano. Solo mantén los que usas regularmente. Si te encuentras ordenando durante los meses de verano, lo más probable es que no estés usando botas. Diseña un sistema organizativo para guardar los zapatos fuera de temporada. Sin embargo, no dejes que la oportunidad de guardar algunos zapatos te engañe para que guardes más de los que necesitas.

Como consejo, probablemente no necesites más de tres pares de zapatos de vestir profesionales. La mayoría de las personas solo tienen un par, pero seamos generosos en términos de combinación de estilo. Del mismo modo, no necesitas más de un par de zapatillas de tenis. Puedes donar el resto.

*Accesorios*

Si eres alguien a quien le gusta usar muchos accesorios, pueden apilarse muy rápido. El problema con los accesorios es que cuantos más conjuntos acumules, más accesorios acumularás para combinar con tus conjuntos y ropa. Estos incluyen accesorios para el cabello, joyas, bufandas y otros artículos similares.

Puede ser tentador considerar los accesorios como su propia categoría única y guardarlos en una caja o en un gabinete. Sin embargo, la mayoría de las personas simplemente no necesitan el gran volumen de accesorios que recolectan. A menos que sea un artista con un armario de disfraces, no hay necesidad de todos los adornos que acumulamos.

Lo más probable es que tus accesorios estén dispersos por la habitación. A medida que va e superficie en superficie y de limpieza de espacio a espacio, coloca los accesorios en su propia pila. Una vez que hayas pasado por toda la sala y los hayas reunido a todos, ahora puedes comenzar a ordenar.

Es posible que desees considerar conservar algunos artículos si les das mucho kilometraje y / o si tienen mucho valor sentimental. No obstante, a medida que sostengas cada elemento y lo consideres individualmente, descubrirás cuáles realmente valoras y de los cuáles puedes prescindir.

*Muebles innecesarios*

Una vez que hayas limpiado tus espacios, es hora de echar un vistazo a los muebles que has reunión alrededor de tu habitación. ¿Cuánto de eso estas usando realmente, y cuánto de esto solo tenías cosas que realmente no usas? Una vez que hayas eliminado los elementos que no usas, estos muebles sobresaldrán como un pulgar dolorido.

Algunos muebles, como las mesitas de noche y los aparadores, estarán mucho más vacíos ahora que has pasado por toda la habitación. Es probable que puedas transferir artículos que estaban almacenados en un lugar a otro y consolidar nuestro almacenamiento. Esto dejará ciertos muebles vacíos, lo que significa que ahora puedes considerar deshacerte de ellos.

Del mismo modo, es posible que tengas una silla o una mesa en tu habitación en la que nunca te hayas sentado. Más bien, estaba cubierto de piezas de ropa desordenadas y otras misceláneas de tu vida. Una vez que el desorden desaparezca, será obvio qué muebles se pueden sacar de tu habitación para darte una sensación más abierta y aireada.

**Ropa**

Mientras excavas en tu habitación, probablemente descubrirás un suéter que recibiste para navidad hace cuatro años, pero que no has usado desde entonces o un par de pantalones e los que no te quedan desde la escuela secundaria. La ropa s uno de los artículos más fáciles de acumular, y eso lo convierte en uno de los mayores desafíos para ordenar.

En primer lugar, querrás hacer tres pilas. Esas pilas deben ser Mantener, Donar y Almacenar. La clasificación de tu ropa será similar a la clasificación de tus zapatos, al menos ya que tendrás que tener en cuenta que algunos de los artículos no se usaran durante otros seis meses como mínimo. El hecho de que sea invierno no significa que debas tirar todos tus pantalones cortos, y el hecho que sea mediados de junio no significa que debas botar tu abrigo de invierno.

*La ropa que realmente usas*

Puede ser útil clasificar tu ropa en divisiones de pantalones, camias, calcetines, ropa interior, sudaderas y cualquier otra categoría de ropa que tiendes a usar. Estas categorías serán diferentes de persona a persona. Un académico profesional puede tener una gran variedad de blazers, mientras que alguien que hace ejercicio en el gimnasio puede tener una gran cantidad de equipo de entrenamiento.

Tómate un momento para considerar tu estilo de vida. ¿En qué actividades pasas la mayor parte de tu tiempo? Deberás prestar especial atención durante esta fase, ya que esto te ayudará a determinar las actividades y creencias que aportan e mayor valor a tu vida, que abordaremos en el próximo capítulo. Si eres un ávido excursionista, no te excedas eliminando tu ropa de exterior; si pasas la mayor parte de tu tiempo libre pintando, es posible que desees conservar algunos de estos artículos manchados de pintura que usas mientras creas tu arte.

*Ropa fuera de temporada*

Una vez que hayas clasificado tu ropa en categorías de cosas que usas con regularidad y cosas que puedes dejar ir, es hora de comenzar a dividirlas en lo que se guarda en el armario y en lo que se almacena. Como dijimos en la sección de zapatos, no permitas que la opción de almacenamiento se convierta en una trampa donde guardas más artículos de los que realmente necesitas.

Primero, considera en qué estación te encuentras actualmente. Es importante tener en cuenta si estas en medio de una temporada o si estás haciendo una transición entre temporadas. Esto afectará qué artículos deseas tener disponibles en tu armario y cuáles puedes guardar en almacenamiento. Si estás haciendo de la primavera al verano, querrás mantener disponibles algunos artículos para el clima frío, ya que aún puede ser frío y lluvioso durante este tiempo. Habiendo dicho esto, probablemente sea seguro guardar todo tu equipo de invierno profundo.

*Abrigos*

Tenemos abrigos para cada época del año. Nosotros tenemos abrigos de invierno resistentes, tenemos abrigos algo más ligeros para el otoño, y también tenemos chaquetas cazadoras para la primavera y cuando llueve. En general, en verano, las personas tienden a usar sudaderas y sudaderas con capucha. Mantener una gama de abrigos es una buena idea para conservar el calor durante las diferentes estaciones. Sin embargo, mantener más de uno o dos en cada categoría puede hacer que tu armario se desborde.

Todos necesitamos un bonito y pesado abrigo de invierno. Dicho esto, ¿realmente necesitas más de uno? Podemos acumular diferentes abrigos de invierno a lo largo de nuestras vidas, y en lugar de dejarlos ir, los acumulamos hasta que no haya menos de cuatro ejemplares en el armario. Teniendo en cuenta que la mayoría de las personas solo usan uno, es una pérdida de espacio horrible. Además, considerando la cantidad de personas menos afortunadas que no tienen abrigos acogedores durante el invierno, esta es una excelente oportunidad para donar las que no estés utilizando.

A medida que revisas tus abrigos, probablemente notarás que tienes más de unas pocas cazadoras o abrigos de primavera y otoño. Revísalos y piensa cuáles te pones realmente y cuáles realmente amas. Lo más probable es que solo sean uno o dos. Deshazte del resto y haz un espacio muy necesario en tu armario. Sigue el mismo proceso para las sudaderas y sudaderas con capucha.

*Un dato sobre la ropa*

En la década de 1940, la mujer promedio tenía nueve atuendos diferentes. Ese número se ha disparado hoy a más de 30. Los hombres tienden a tener menos opciones de ropa, pero aun así, los números pueden subir. Nos hemos inundado tanto de moda rápida que acumulamos grandes cantidades de ropa en comparación con hace menos de un siglo.

Esto contribuye a un proceso llamado fatiga de decisión. Cada vez que tomamos una decisión, esto afecta a nuestro cerebro a consumir un poco de energía. Nuestra sociedad nos inunda de opciones sobre qué comprar, qué ver, qué comer y qué ponernos. Puedes pensar que más es mejor. No obstante, en este caso, "más" termina agotando nuestros cerebros para que tengamos más dificultades para aplicar nuestro poder de pensamiento a las cosas que realmente importan. Reducir la cantidad de ropa puede ayudarte a simplificar tus decisiones y aligerar la carga mental.

Otro beneficio es que a medida que revisas tu ropa, te darás cuenta de qué artículos tiendes a usar más que otros. Cuando te das cuenta de los artículos que sacas más provecho, te darás una imagen más clara de tu propio sentido de estilo único, que esto es otro paso hacia una mejor comprensión de ti mismo, tus valores y tus preferencias.

### Áreas de almacenamiento

Las áreas de almacenamiento incluyen ese gabinete debajo de las escaleras, el garaje, el sótano y el ático. Independientemente del espacio en tu hogar que estés utilizando para guardar elementos que no caben en otro lugar, probablemente las cosas se han acumulado allí a lo largo de los años hasta el punto de abrumarte.

El proceso para pasar por tus áreas de almacenamiento será ligeramente diferente dependiendo de tu única situación. Si tienes hijos o vives en situaciones comunitarias, como con padres o compañeros de cuarto, sigue las instrucciones del siguiente párrafo. Si eres una persona soltera que no vives en comunidad, omite el siguiente párrafo y observa el siguiente a este.

*Vivir con otros versus vivir solo*

Para aquellos de ustedes que viven con varias personas, el almacenamiento ordenado puede ser desalentador. La forma más fácil de avanzar es crear pilas para cada individuo que vive en el hogar. Si tienes hijos, puedes crear pilas para ellos. Si vives con otras personas, puedes hacer que se unan a ti en el proceso de organización y que hagan una actividad comunitaria. Cada persona adulta puede clasificar sus respectivos montones y decidir etiquetarlos como Mantener o Donar. Esta puede ser una gran experiencia para compartir unos momentos juntos.

Si vives solo, entonces, por el lado positive, es probable que tu pila de cosas sea algo más pequeña. En el lado negativo, tendrás que hacer todo el trabajo tú mismo. Clasifica tus artículos a medida que avanzas; trata de mantener limitada la cantidad de pilas, pero no tengas miedo de agregar tus categorías cuando realmente las necesites. Estas categorías pueden incluir herramientas, muebles, equipos de jardinería, recuerdos, etc. Una vez que hayas configurado tus categorías, puedes avanzar a los siguientes pasos.

*Herramientas*

Es bueno tener un martillo y clavos alrededor en caso de necesitarlos. Del mismo modo, mantener un destornillador siempre es una buena idea. Sin embargo, si no eres muy hábil, entonces no hay razón para que tengas una sierra circular. Si no realizas tus propias reparaciones en el hogar o no eres particularmente habilidoso, entonces probablemente no necesitas herramientas eléctricas grandes.

No obstante, si eres hábil y la carpintería es uno de tus pasatiempos, entonces, ciertamente, mantén tus herramientas. Sin embargo, si tienes herramientas que no has utilizado en más de seis meses, puede valer la pena considerar si realmente las necesitas o no, después de todo. Siempre es una buena idea tener disponible un kit básico de herramientas, y tal vez, ese kit de herramientas no debe enterrarse en la parte trasera del garaje.

*Mobiliario*

Cuando compramos muebles nuevos, a veces, trasladamos nuestros muebles viejos al sótano. O lo sacamos temporalmente de la habitación, pero luego nos damos cuenta de que nos gusta más la habitación sin esa mesa o sillón. Por lo tanto, el mueble permanece almacenado pero nunca se retira de la casa. Los muebles son grandes y voluminosos y pueden consumir fácilmente tu valioso espacio de almacenamiento.

Si removiste un mueble de una habitación en particular y descubriste que te gustaba más de esa manera, pregúntate: ¿realmente necesitas este mueble en primer lugar? Si se trata de una reliquia familiar preciada, pero solo está acumulando polvo en el ático, puedes considerar pasarla a otro miembro de la familia que pueda mostrar el mobiliario con orgullo. Si te aferras a él porque es una antigüedad valiosa, intenta venderlo. De cualquier manera, hazlo desaparecer.

*Herramientas de jardinería y patio*

Esta sección solo se aplicará a aquellos que tengan un espacio al aire libre para mantener o un jardín que hacerle mantenimiento. Si vives en un condominio o un apartamento sin patio, puedes pasar a la siguiente parte. No obstante, si tienes un césped que debes mantener cortado o un jardín que debes cuidar, entonces esta sección es para ti.

Hay muchas herramientas que son útiles para el mantenimiento exterior de tu hogar. Mientras revisas tus herramientas, reflexiona sobre la frecuencia con la que usas cada una. ¿Tienes una podadora de setos, pero no tienes setos? Si tienes herramientas redundantes, no tengas miedo de dejarlas ir.

Del mismo modo, si has acumulado herramientas de jardinería a lo largo de los años pero nunca has llegado a comenzar realmente de tu jardín, puede ser la hora de reevaluar si conservas o no esas herramientas. Esta es una excelente oportunidad para examinar realmente cómo pasas tu tiempo y si realmente crees que puedes aprovechar las horas necesarias en tu vida ocupada para comprometerte a cuidar un jardín. Este es un ejemplo de la autorreflexión que el minimalismo puede aportar a tu vida.

Si no tienes espacio en tu vida para el proyecto para el que está destinada la herramienta, deja que la herramienta se vaya.

*Objetos memorables*

A medida que avanzas por el área de almacenamiento, es probable que encuentres recuerdos de tu infancia, de tus seres queridos o de momentos importantes de tu vida. Estos pueden estar entre los elementos más difíciles de clasificar y ordenar porque a menudo tendrás una gran cantidad de valor sentimental.

La clave para clasificar los recuerdos familiares es identificar los recuerdos claves y las personas que representan los objetos. ¿Tienes otros objetos que representan el recuerdo o la persona que estas sosteniendo? ¿Qué artículos están realmente cerca de tu corazón? Hay una diferencia entre los artículos que tienen un verdadero valor para ti y una renuencia a tirar cualquier objeto que te recuerde a alguien que amas o un recuerdo atesorado.

Asimismo es útil, a nivel filosófico, darte cuenta de la diferencia entre los objetos y un recuerdo. Un recuerdo es algo que siempre estará contigo; un objeto es solo un ancla física para el recuerdo. Darte cuenta de que el valor del recuerdo sobre las "cosas" físicas te ayudará a reevaluar tus prioridades.

*Un dato sobre "por si acaso"*

Una de las principales razones por las que nos aferramos a cosas que no usamos es si las necesitamos "por si acaso". ¿Qué pasa si necesitamos ese extintor de diez años? ¿Qué pasa si necesitamos ese viejo gabinete en caso de que uno de los nuestros se rompe? ¿Qué pasa si necesitamos usar la aspiradora rota para piezas de repuesto para la que si funciona?

El "por si acaso" es un agujero en el que caemos que nos atrapa en el desorden. Una buena regla general es la regla 20/20. Si lo que estas considerando conservar se puede reemplazar en menos de veinte minutos por menos de veinte dólares, entonces no vale la cantidad de espacio que ocupa en tu hogar. La mentalidad de escasez y falta es una de las principales razones por las cuales las pertenencias no deseadas se acumulan en nuestro hogar. Cuando pasamos por el ático de nuestros padres, muchas veces, nos preguntamos, "¿por qué demonios se aferraron a esto?" Bueno, cuando tus hijos o amigos revisen tu espacio de almacenamiento, lo más probable es que se hagan las mismas preguntas.

**Un dato sobre artículos sentimentales**

Existe una diferencia entre hacer espacio en tu vida para aquellas cosas que realmente valoras y vivir como un monje en una celda de prisión sin adornos. No hay razón para privarse de las alegrías y comodidades de los artículos que realmente amas. Si tienes un relicario que te dio tu abuela, entonces no hay razón para deshacerte de él. Sin embargo, cuando comparas ese relicario con los otros diez collares que recogiste en una tienda de moda rápida, debe quedar en claro qué debes conservar y qué debe irse.

Tener artículos que amas no es algo malo. El minimalismo consiste en deshacerse de las pilas y pilas de elementos innecesarios para que puedas descubrir qué elementos tienen un significado real para ti. Cuando estas rodeado solo de elementos que son inminentemente útiles o que traen felicidad obvia a tu vida, entonces también estarás más abierto a la felicidad de otras áreas de tu vida.

### Cosas a tener en cuenta

En un dato puramente logístico, habrá momentos en que sientas la tentación de agregar una pila "quizás" a medida que clasificas tus artículos. Puede ser difícil de decidir en este momento si realmente deseas deshacerte de un elemento, por lo que pospones la decisión hasta más tarde. Te diré ahora mismo, no lo hagas.

Eventualmente, encontrarás que la pila "quizás" se hace más y más grande a medida que permanezcas pasivo. Todo lo que estás haciendo es ceder a tu propia indecisión y resolver un problema mayor para que lo resuelvas más tarde. La idea con la eliminación de revoluciones es simplificar tu vida, pero una pila de "quizás" solo complicará el proceso y te dará otra tarea más para estresarte más adelante. Hazte un favor y toma las decisiones difíciles en este momento. Tu futuro yo te lo agradecerá.

Se desconsiderado. Puede ser fácil caer en el agujero de la indecisión. Usa tu instinto cuando revises tus artículos. Tus juicios rápidos están en contacto con tu subconsciente y te dará la mejor indicación de si un artículo es realmente útil o realmente te brinda felicidad. Ser desconsiderado puede ser difícil, pero será más fácil a medida que avances. Confía en tu instinto; esto simplificará el proceso.

# Capítulo 5: ¿Cómo ordenar tu mente?

El minimalismo es una filosofía que se extiende a cada área de tu vida, no solo a tu hogar. La misma idea se extiende desde deshacerse de los elementos físicos hasta simplificar tu mente. La mente puede estar llena de pensamientos ansiosos corriendo constantemente. Es raro que alguno de nosotros tenga un verdadero momento de silencio en nuestras mentes. Nuestras mentes son ruidosas por muchas de las mismas razones por las que nuestros hogares están llenos de desorden. Vivimos en una sociedad que está constantemente diseñada para llenar nuestras mentes de charla y llenar nuestros espacios con pertenencias. El ciclo de noticas es de veinticuatro horas, hay anuncios donde quieras que vaya, y la tecnología nos envía notificaciones constantemente. Encontrar un momento de silencio mental puede ser una hazaña milagrosa. No obstante, este capítulo te mostrará cómo llevarlo a cabo.

**Dejar atrás el pasado**

Existen muchas razones por las que nuestras mentes se vuelven desordenadas. Un hombre sabio dijo una vez que quienes tienen ansiedad viven en el futuro y quienes tienen depresión viven en el pasado.

Ambos problemas provienen de no estar en contacto con el presente. Muchas personas se atormentan por su pasado; sus historias son como fantasmas que sacuden cadenas en su mente, nunca dejándolos descansar o estar en paz.

Hay una gran cantidad de cosas que pueden hacer que una persona quede encerrada en su pasado. Los eventos traumáticos pueden anclar a una persona a un cierto punto en su historia o desarrollo para que nunca maduren emocionalmente más allá de ese punto. Los mecanismos de afrontamiento que recogemos en tiempos difíciles o desafiantes pueden impedirnos avanzar. Esta sección describirá algunas de las razones por las cuales las personas se quedan encerradas en el pasado, a su vez cómo dejar ir, sanar y vivir en el presente.

*Reproducción de conversaciones antiguas*

Una de las piezas de desorden mental que ocupan más espacio es la repetición de viejas conversaciones en nuestras cabezas. ¿Cuántas veces te has quedado despierto por la noche, obsesivamente repasando intercambios verbales que ocurrieron no hace días o semanas, sino hace años? Nos obsesionamos con las viejas conversaciones en la que no nos comunicábamos claramente o donde pensamos que hicimos el ridículo. O bien, repetimos conversaciones donde deseamos haber dicho algo diferente, o reimaginamos la respuesta perfecta durante una discusión.

Esta es una de las formas más nefastas de desorden mental. En primer lugar, nos ancla al pasado para que no podamos centrarnos en el presente. Otro aspecto preocupante de este comportamiento es que generalmente ocurre de noche cuando estamos acostados en la cama. Deberíamos estar durmiendo pacíficamente para dormir, en cambio, nuestras mentes giran a toda velocidad. Un momento de relajación es, en cambio, un momento de estrés y ansiedad. ¿Es de extrañar que, como sociedad, no dormimos lo suficiente o que el sueño que tenemos es de mala calidad?

*Viejos complejos*

Todos tenemos argumentos en los que hemos estado en los últimos años. Ya sea un desacuerdo con un ser querido o esa persona desconsiderada que lo detuvo en el tráfico, tendemos a guardar rencor. Peor aún, no solo nos aferramos a ellos, sino que los repetimos en nuestras mentes o los mencionamos en la conversación. Las pequeñas agresiones que se les hacen son algo a lo que las personas pueden aferrarse durante toda su vida. Sin embargo, la persona que fue grosera contigo en el supermercado o la persona que te interrumpió en el tráfico probablemente haya olvidado por completo ese momento. Si te han olvidado, ¿por qué sigues aferrándote a ese momento? La persona que te enojó está libre y sin cargas, por lo que deberías permitirte ese regalo.

*Relaciones anteriores*

Otra cosa que puede hacernos quedar atrapados en el pasado son las viejas relaciones. Por alguna razón, a veces, el amor no funciona, las amistades terminan y, a veces, incluso los miembros de la familia se desvanecen de nuestras vidas. Cuando las conexiones en las que invertimos emocionalmente llegan a su fin, puede ser una experiencia extremadamente dolorosa. Sin embargo, con el tiempo, este curare las heridas en simples cicatrices, que se desvanecerán con el paso de los años. Pero esas heridas no sanarán si constantemente estamos recordando el pasado al permitirnos tener malos hábitos mentales en torno a este tipo de dolor.

Está bien llorar cuando la gente deja tu vida. A veces, surgen cosas que nos recuerdan a ellos, y nos ponemos tristes. Esto es completamente normal y saludable. Lo que no es saludable es cuando pasas horas escogiendo la relación tratando de culpar o pensando en lo que podrías haber hecho de manera diferente para que la persona se quede. No me malinterpreten, es importante cerrar las relaciones, este es un proceso que debe abordarse consciente e intencionalmente, tal vez con la ayuda de un profesional con licencia. Revolcarse en una conexión perdida es lo contrario, y solo harás que te atasques en el pasado.

*Traumas*

Este es quizás el agujero mental más complicado en el que podemos caer. Los traumas son muy reales y pueden conducir a trastornos diagnosticables y desequilibrios químicos en el cerebro, como la depresión clínica o el trastorno de estrés postraumático. Decirle a alguien que "simplemente supere" el trauma es imprudente y potencialmente tan prejudicial como para agravar el trauma original.

Dicho de esta manera, el trauma ocupa una gran cantidad de espacio en nuestra mente, aunque muchas personas no se dan cuenta porque están muy reprimidas. Muchos patrones de pensamiento y patrones de comportamientos dañinos y destructivos provienen del trauma que puede saturar aún más nuestro espacio mental.

Si tú eres alguien que ha experimentado un trauma, entonces comenzar a abordad ese trauma es la clave para limpiar tu desorden mental. Todas las otras cosas mencionadas en este capítulo son simplemente adornos para ventanas en comparación con nuestras sombras más profundas y oscuras.

Al igual que organizar tu hogar es un proceso intenso, agotador y continúo, ordenar tu mente también lo es. Es una decisión de estilo de vida, un compromiso de por vida y un proceso continuo. Las formas en las que las personas eligen abordar su trauma son muy individuales, pero algunas de las personas más exitosas eligen métodos como la terapia de conversación, profundizar su conexión espiritual, escribir un diario o practicar una meditación.

*Dejar ir*

A pesar de lo fácil que una princesa de Disney lo hizo parecer, es más difícil superar algo que simplemente cantar "libre soy". A pesar de esto, los beneficios son muy reales. Si eliges conscientemente comenzar a superar las cosas que se anclan a tu pasado, serás capaz de poder respirar más libremente y experimentar una mente mucho menos frenética.

Si te encuentras experimentando dificultades con este proceso, puede ser aconsejable contar con la ayuda de un profesional psicológico, un miembro confiable del clero u otra persona capacitada y confiable para guiarte a través del proceso. A continuación se describe un breve proceso para permitirte participar en eso.

Cada vez que surja un viejo complejo, una conversación pasada u otros problemas mentales, haz lo siguiente:

- Respira profundamente. Exhala lentamente.
- Mantén el momento firmemente en tu mente.
- Observa las emociones girando alrededor de la memoria.
- No juzgues las emociones, simplemente obsérvalas.
- Una vez que hayas observado las emociones, di lo siguiente:
  - Me perdono por aferrarme a este recuerdo.

- o   Me perdono por cómo actué en esta situación.
- o   No necesito aferrarme a esto. Ya no me sirve.
- o   Libero mi apego a este recuerdo.

Repite la última línea lentamente, tantas veces como sea necesario. Como otro dato, el mismo recuerdo o dolor puede aparecer varias veces. Puede que tengas que pasar por este proceso varias veces con el mismo recuerdo. Sin embargo, participar en este proceso es como ejercitar un musculo. Cuanto más lo hagas con el tiempo, más fuerte te volverás. Y al final, más pacífica será tu mente.

**Regresa al futuro**

Hemos hablado de personas ancladas en el lodo de su pasado. No obstante, las personas también pueden arrojar su consciencia al mañana o eventos que aún no se han cumplido. Tener tu atención siempre enfocada en algún día distante les impide vivir el momento tan seguramente como estar atrapado en el pasado. Si siempre están preocupados por el futuro, entonces esas preocupaciones corren constantemente por tu mente, ocupando valioso espacio, tiempo y atención.

*Ansiedad*

La definición del libro de texto de esta palabra implica sentimientos de preocupación, nerviosismo o inquietud. La ansiedad trae consigo una cualidad frenética para la mente y tensión para el cuerpo. Los efectos físicos de este mayor nivel de tensión y estrés son niveles más altos de hormonas del estrés en el sistema. Este aumento en el nivel de la hormona del estrés causa un mayor riesgo de enfermedades cardiovasculares, presión arterial alta, ataque cardíaco, accidente cerebrovascular, un sistema inmune comprometido e insomnio.

Los efectos a corto plazo del estrés elevado en el cuerpo incluyen dolores de cabeza, malestar estomacal, letargo y pérdida de la libido. Ya sea a corto o largo plazo, pasar demasiado tiempo obsesionado o preocupado por el futuro es terrible para nuestra salud. Reinar en estas tendencias neuróticas es vital para una higiene mental saludable.

*Miedo a lo desconocido*

Una de las principales razones por las que tenemos ansiedad en primer lugar se debe a nuestro miedo a lo desconocido. Hasta que alguien invente una máquina del tiempo, nunca podremos estar cien por ciento seguros de lo que depara el futuro. Es solo un hecho con el que tenemos que hacer las paces; preocuparse por eso solo nos pone más enfermos.

Este miedo a lo desconocido es uno de los principales impulsores de nuestras tendencias packrat. No sabemos si llegará el día en que necesitaremos un artículo, por lo que lo guardamos "por si acaso". Sin embargo, ese día "por si acaso" rara vez llega, si es que alguna vez. Y te quedan más elementos físicos que abarrotan tu hogar y más preocupaciones sin sentido que abarrotan tu mente.

El proceso de organizar tu espacio físico a menudo te obligará a abordar este miedo a lo desconocido. También puede ayudarte a hacer las paces con la incertidumbre del futuro.

*Miedo a la carencia*

Otro hábito de mala higiene mental es la tendencia a temer a la falta. Nuestra sociedad nos ha enseñado que para ser felices, tenemos que tener éxito. Para parecer exitoso, necesitamos ser dueños de ciertas cosas. Si no somos dueños de esas cosas, entonces no seremos felices ni exitosos. Nuestra sociedad también nos ha enseñado que no tener esas cosas es uno de los peores destinos que alguien puede sufrir, ser etiquetado como "pobre" o estar empobrecido es el peor destino que uno pueda imaginar. Así que atesoramos pertenencias físicas en un intento de evitar este destino.

Lógicamente, debemos aceptar el hecho de que esta es una mentira que nuestra cultura nos ha vendido. Las personas de todo el mundo han encontrado la felicidad en muchas de las cuales no poseen nada en absoluto. Sin embargo, saber mentalmente que esto es una mentira e intentar desacondicionarnos de esta mentira son dos tareas muy diferentes. El acto de organizar puede ponerte a prueba en este sentido, pero también es una gran oportunidad para desprogramarte a esta falsedad.

*Mentalidad de escasez*

Cuando vivimos con miedo de no tener nada, nos encerramos en lo que se puede llamar una "mentalidad de escasez". Las marcas registradas de la mentalidad de escasez son preocupaciones mentales constantes por no tener suficiente de algo, ya sean días de vacaciones, dinero o papel higiénico. No me malinterpreten: si experimentas inestabilidad alimentaria o de vivienda, entonces un cierto nivel de preocupación es completamente normal.

No obstante, para la mayoría de las personas, no se dan cuenta de lo bueno que lo tienen. Si tienes un techo estable sobre tu cabeza, comida en tu refrigerador, trabajo arduo y un sueldo entrante, entonces estás mucho mejor que la mayoría de la población mundial. El hecho es que el cerebro tiende a centrarse en las cosas que *no tenemos*, en lugar de apreciar las cosas que tenemos.

La organización puede ayudarte a aprender a apreciar reamente los artículos que eliges conservar y puedes ayudarte a desarrollar una mentalidad de gratitud en lugar de escasez.

### Se siente bien preocuparse

Una de las razones por las que el cerebro humano cae en la trampa de la preocupación es simplemente una cuestión de neuroquímica. Cuando estamos siendo productivos y tachamos cosas de nuestras listas, nuestro cerebro libera endorfinas para hacernos sentir bien. Y aunque pueda parecer contradictorio, el cerebro también libera endorfinas cuando nos preocupamos.

El cerebro libera endorfinas cuando nos preocupamos porque todavía siente que somos productivos, incluso si solo estamos sentados en el sofá. Entonces, nuestro centro de recompensas se active y se siente bien preocuparse, incluso si pasamos toda la tarde mirando la pared y en realidad no hacemos nada.

La liberación de endorfinas es uno de los problemas más furtivos y problemáticos con el que organizas tu mente —porque nuestro cerebro obtiene una recompense química incluso si no hacemos nada—. El truco es resistir la tentación y rechazar la falsa recompensa que tu cerebro te da cuando te preocupas.

Cuando vivimos en el futuro en lugar del presente, perdemos nuestras vidas. Pasamos años y años de nuestras vidas subiendo todas las escaleras que la sociedad nos dice que subamos. Trabajamos duro en alguna compañía que vende seguros. Obtenemos la promoción y el aumento. Compramos un carro nuevo, luego una casa con una cerca blanca, luego un perro. Y posteriormente, tenemos hijos y también tenemos que comprarles cosas bonitas. Hasta que de repente te despiertas y te das cuenta que tienes 45 años y que la escalera que has subido estaba contra la pared equivocada —y luego toda tú supuesta felicidad se esfuma—. Este desafortunado viaje está detrás de muchas crisis de mediana edad.

Pensamos durante tanto tiempo que una vez que tengamos algo, seremos felices. Hasta que llegue el día en que lleguemos a esa cosa y descubramos que no estamos contentos en absoluto. Entonces, el truco debe ser encontrar la felicidad donde sea que estemos —porque eso no está en ningún otro lado—.

Todo lo demás es solo una ilusión que ocupa un espacio valioso en nuestras mentes, lo que nos impide disfrutar del momento presente.

**Centrarse en el presente**

Existen muchas trampas mentales en las que podemos quedarnos atrapados. Podemos quedarnos atrapados en el pasado, incapaces de superar las cosas que nos han sucedido. Podemos proyectar nuestra mente hacia el futuro, inventando problemas que ni siquiera existen. Desafortunadamente, es muy fácil para la mente humana ser víctima de estos destinos. No obstante, no tienes que sufrir este destino. Puedes elegir deliberadamente librarte de estas cárceles, eliminar estas telarañas y mentiras de tu cerebro, y experimentar una mente que está en paz.

*Descubre tu cuerpo*

Cuando nuestras mentes se disparan constantemente, todo nuestro enfoque está en nuestra cabeza. No nos damos cuenta cuando nuestros cuerpos nos envían señales. Todos hemos escuchado la historia de que alguien ha estado tan absorto en el trabajo que se olvida de comer, dormir o ir al baño. Si bien este es un caso extremo, en menor grado, todos lo padecemos.

¿Con qué frecuencia has estado precipitándote frenéticamente y tienes un dolor de cabeza vertiginoso? Solo más tarde te das cuenta de que estas severamente deshidratado, pero tu mente estaba tan preocupada con la multitarea que no prestaste atención a tu creciente sed. Es como cuando tienes la radio sonando tan fuerte en tu carro que no escuchas el ruido extraño que comienza a hacer y solo te das cuenta de que algo está mal cuando el humo comienza a salir de debajo del capó.

El uso de técnicas para calmar tu mente te permite sintonizarte con tu cuerpo. Te sorprenderás de todas las pequeñas señales que puedes ser capaz de escuchar cuando apagas tu frenética radio mental. Esto también te ayudará a lograr una mejor salud, a medida que comiences a comprender mejor las necesidades de tu cuerpo.

*Ponte en contacto con tu mente*

Es sorprendente la cantidad de personas que temen a su propia mente. Tienen un miedo mortal de que si disminuyen la velocidad suficiente como para escuchar sus propios pensamientos, se ahogarán en su trauma. O han estado tan inmersos en el paradigma cultural del miedo que rodea la quietud y la tranquilidad que lo evitan a toda costa.

Tomar el tiempo para comprender la naturaleza de tu propia mente es una oportunidad maravillosa. Hay una razón por la que los maestros zen son tan felices. Aprender a apreciar la tranquilidad en tu mente es como aprender a apreciar tu hogar ordenado. Mientras que antes había caos y desorden, ahora hay suficiente espacio y tranquilidad para poder respirar; puedes apreciar la forma en que la luz del sol entra por la ventana e ilumina tu hogar. De manera similar, cuando despejas tu mente, puedes aprender a apreciar la alegría a medida que llega a través de tu vida e ilumina tu corazón como la luz del sol que entra por una ventana.

*Un renovado amor por la vida*

Cuando somos niños, cada experiencia es nueva. Tenemos asombro y alegría por todo lo que vemos y estamos realmente emocionados de despertarnos por la mañana y experimentar el mundo. A medida que envejecemos, perdemos contacto con este espíritu. En cambio, caemos en patrones de pensamiento de cinismo y depresión, olvidando la alegría con la que una vez experimentamos nuestras vidas.

Cuando despejas tu mente, también te pones a trabajar limpiando hábitos mentales y patrones de pensamientos destructivos y negativos. Una vez que eliminas el cinismo y el arrepentimiento, tienes espacio para volver a vivir tu vida de verdad. Puedes redescubrir tu maravilla infantil y enamorarte del mundo una vez más. Pero solo puedes lograr esto si te dedicas al trabajo de ordenar tu mente.

**Descubre tus verdaderos valores**

Uno de los métodos más importantes para ordenar tu mente es descubrir aquellas cosas que son más importantes para ti. Solo cuando realmente entiendes lo que más te importa puedes ser capaz de limpiar la casa en tu mente y hacer espacio para esas cosas atesoradas en tu vida. Existen muchas maneras de descubrir lo que valoras en la vida, aunque esta sección solo cubrirá cinco de ellas: escribir en un diario, autorreflexión, retiro, paneles de visión y terapia conversacional.

*Diario*

Mantener un registro escrito de tus días es una excelente manera de comenzar a tener una vista panorámica de los patrones de tu vida. Además, comprometer los eventos del día y tus sentimientos sobre ellos en el papel te obliga a procesarlos y pensar en ellos. Ser capaz de pensar críticamente sobre los eventos en tu vida te da una comprensión más profunda de cómo te sientes acerca de las cosas y cómo los desafíos que experimentas te afectan.

Cuando escribes cosas, entiendes mejor lo que te trae alegría en la vida y lo que te trae dolor. También puedes comprender cómo te comportas y piensas en ciertas situaciones. Esta es una oportunidad maravillosa para la autoevaluación para ayudarte a descubrir cosas en tu vida que puedes necesitar cambiar, así como para descubrir qué cosas son más importantes para ti.

*Autorreflexión*

Otro método para descubrir tus verdaderos valores es reservar tiempo simplemente para reflexionar. Si bien escribir en un diario implica comprometer tus pensamientos a escribir, la autorreflexión puede ser tan simple como dedicar tiempo en tu día a clasificar mentalmente las cosas que suceden en tu vida.

Hacer tiempo para sentarte en el porche trasero con una taza de café es uno de los mejores regalos que puedes darte a ti mismo. No solo te brinda la oportunidad de disfrutar de la tranquilidad y de los pequeños momentos, sino que también te brinda la oportunidad de hacer en tu propia mente lo que el diario te ayuda a realizar por escrito.

Mientras revisas los eventos de tu vida, observa tus sentimientos sobre las cosas a medida que surgen. Presta especial atención a las cosas que te hacen más feliz y te llenan de alegría. Intenta dedicar más tiempo y espacio en tu vida a esas áreas.

*Retiros*

A veces, nuestras vidas son tan agitadas y ocupadas que no podemos pensar con claridad. Para algunas personas, el estrés es tan grande que la única forma en que pueden obtener algún tipo de claridad es alejarse físicamente de sus vidas por un período de tiempo. Si bien esta no es una opción práctica para muchos, para aquellos que pueden pagarla, pasar un período de tiempo en el retiro puede hacer maravillas para su salud mental.

Cuando decides alejarte de tu vida por un tiempo, no vayas a un lugar ruidoso y ocupado como una gran ciudad o estación de esquí. Elige un lugar como una cabaña de montaña o un apartamento tranquilo cerca de la playa. Pasa tiempo en la naturaleza en lugar de tu visión puede extenderse hasta el horizonte. Entonces tu mente puede ampliarse y responder a la pregunta: ¿qué es lo que más quieres de la vida?

*Paneles de visión*

Algunas personas se inclinan verbalmente, para ellos, escribir cosas puede ayudarlos a mapearlos mentalmente, así como a procesarlos. Para aquellos que operan en un nivel más visual, un panel de visión puede ayudarlos a participar en este proceso. Los paneles de visión funcionan forzándote a pasar tiempo pensando en lo que más deseas en tu vida. No es necesario que estén en palabras, sino en forma de sentimientos o impresiones en tu mente.

Una vez que tengas estas cosas en mente, sal y busca imágenes que capturen lo que realmente deseas. Puedes recortar de revistas, cortar carteles viejos o imprimir imágenes en línea. Una vez que hayas reunido tus imágenes, adjúntalas a un panel de visión y cuelga ese tablero en algún lugar, lo veras todos los días. Un tablero de visión puede servir como un recordatorio físico diario de lo que realmente valora en tu vida.

*Terapia*

Para aquellos que tienen dificultades para acceder a las profundidades de su propia mente, puede parecer más que desesperado tratar de descubrir lo que realmente quieren de la vida. Si has probado los métodos anteriores pero no has realizado ningún progreso, solicitar ayuda externa puede ser u gran beneficio. Puede haber mucho estigma cultural en torno a la terapia, pero esto no debería ser así.

Obtener una perspectiva externa puede ayudarte a ver tu vida mucho más claramente. Sin mencionar que un profesional podrá equiparte con trucos y herramientas más allá de los mencionados en las páginas de este libro.

### Cultiva la concientización

Entonces, has hecho el trabajo y descubierto tus verdaderos valores. Ahora, ¿cómo entrenas tu mente para que puedas darte la capacidad de vivir una vida de acuerdo con esos valores? Para hacer esto, debes poder estar en contacto con el presente. Para estar en contacto de ese momento, debes cultivar la concientización. Esta sección te proporcionará consejos, así como algunos métodos para cultivar la consciencia.

## Detener la multitarea

El primer consejo que tengo para ti es que dejes de realizar múltiples tareas. En la actualidad, creemos que podemos apilar tareas para ser más productivos. Sin embargo, cuando haces múltiples tareas, esto es simplemente no es cierto. La verdad es que puedes hacer una cosa bien o dos cosas mal. La decisión es tuya.

Dividir tu atención entre múltiples tareas te impide estar completamente presente en este momento. En cambio, tu mente está saltando frenéticamente de un lado a otro entre ellos, y los resultados finales son más pobres. Te encontrarás mucho más tranquilo si te permites simplemente hacer una cosa a la vez.

## Ve más despacio

Este mundo acelerado nos ha engañado que pensemos con el fin de ser felices, tenemos que ser productivos y que para ser productivos, tenemos que llenar cada momento de descanso de cada día con actividad. Esta mentalidad nos ha infectado hasta el punto que mucho de nosotros nos sentimos culpables por simplemente tomarnos un día libre.

Cuando asistas a una tarea o conduzcas durante tu viaje, etc., vuelve a centrar tu atención y disminuye la velocidad. Haz lo que estés haciendo con cuidado y deliberadamente con toda tu atención. Presta toda tu atención a la tarea, en cuestión te anclará en el momento presente y disipará momentáneamente todo el desorden mental.

*Respira*

Escuchamos este consejo todo el tiempo. ¿Pero cuántos de nosotros lo hacemos realmente? ¿Con qué frecuencia te tomas un momento para alejarte de una situación, salir y tomar una bocanada de aire fresco? Apuesto a que ha pasado bastante tiempo.

Cuando lo recuerdes, deja de hacer lo que estés haciendo y respira profundamente varias veces. Comienza desde la parte inferior del abdomen e inhala hasta los pulmones. Una vez que hayas inhalado durante mucho tiempo, exhala lenta y deliberadamente. Haz esto al menos tres veces, aunque entre más veces mejor.

La respiración consciente te ancla en tu cuerpo físico y calma la mente. Esta es otra excelente herramienta que calma los pensamientos y te ayuda a cultivar una mente libre de desorden.

*Estar donde te encuentras*

Esto puede parecer ridículamente simple. Después de todo, solo puedes estar en un lugar a la vez —¿cómo podrías estar en otro lugar?—. Bueno, este se refiere a tu mente. Cuando decides preocuparte por el futuro o permitirte revolcarte en algún aspecto de tu pasado, no estás presente.

Cada vez que te encuentras haciendo esto, tómate un momento para recordad tu mente. No obstante, al hacer esto, es simplemente devolver suavemente la mente, sin enojo ni juicio. Si constantemente te regañas a ti mismo, entonces vas a asociar el desorden mental con sentirte mal y fomentar la ira hacia ti mismo. Esto es lo contrario de lo que el minimalismo espera lograr.

5-4-3-2-1

Cuando descubras que no estas presente o te des cuenta de que te estás poniendo realmente nervioso, puedes usar el método 5-4-3-2-1 para anclarte en el momento presente.

- Busca **5** cosas que puedas **ver**.
- Identifica **4** cosas que puedas **tocar**.
- Encuentra **3** cosas que puedas **escuchar**.
- Descubre **2** cosas que puedas **oler**.
- Busca **1** cosa que puedas **degustar**.

Este método fue desarrollado originalmente para ayudar a las personas que sufren de ansiedad. Sin embargo, es una excelente herramienta que cualquiera puede usar para anclar una mente errante firmemente en el momento presente. Los sentidos son vínculos físicos entre el momento presente y el cerebro.

*Haz algo que ames todos los días*

Una de las razones por las que no queremos pasar tiempo en el momento presente es porque, a menudo, el momento presente es difícil. ¿Por qué dejar que tu consciencia esté anclada en la dura realidad de hoy cuando puedes sonar con un mañana más agradable o un recuerdo feliz?

Con el fin de organizar tu mente, debes ser capaz de permanecer en el momento presente. Para ello, debes querer hacerlo. Para querer hacerlo, necesitas encontrar razones para permanecer anclado aquí. ¿Así que cómo haces eso?

Tómate un tiempo todos los días para hacer algo que disfrutes. Si hay una pequeña cosa que te da felicidad todos los días, entonces podrás apreciar mejor hoy, en lugar de vivir del ayer o el mañana.

**Establece intenciones**

El objetivo de organizar tu mente es permitirte vivir plenamente en el momento presente, encontrar paz mental y tranquilidad, y poder aplicar tu poder cerebral a las cosas que realmente importan. ¿Cuáles son las cosas que realmente importan? ¿Y cómo aprendes a prestarles atención? En las secciones anteriores, hemos explorado cómo descubrir tus valores centrales, y esta sección explorará aplicar esos valores. La forma de aplicar esos valores centrales a tu vida es el proceso de establecer intenciones.

Las intenciones se definen como un objetivo, plan, propósito u objetivo. Para establecer intenciones, debes examinar tus valores centrales y hacer algunos planes concretos para aplicarlos a tu vida. Por ejemplo, si determinaste que la conexión familiar era uno de los criterios más importantes para tu felicidad, entonces la intención que establezcas podría ser: "Voy a ver a mi familia lejana al menos dos veces al año durante las vacaciones y a mi familia cercana al menos una vez al mes". Si determinas que tu salud física es una de las cosas más importantes para ti, entonces la intención que establezcas puede sonar como "Voy a reducir mi consumo de azúcar refinada a la mitad y comenzaré a correr al menos tres veces por semana". Los valores centrales son importantes pero vagos. Las intenciones son los planes concretos que haces para alinear tu vida con esos valores.

*La vida involuntaria*

Existe una especie de tragedia única para alguien que vive sin hacer ningún gesto, "ir con la corriente" hasta que se despiertan en su lecho de muerte y se dan cuenta de que caminaron sonámbulos a través de su vida. Este tipo de persona generalmente no tiene una idea clara de lo que quiere para sí misma y generalmente sigue el guion de la sociedad: conseguir un trabajo de alto nivel, casarse, comprar una casa, tener hijos, irse de vacaciones al año, y finalmente, ser feliz por unos años una vez que se retiren.

Este es el tipo de vida que da origen a la crisis de la mediana edad: cuando alguien se despierta repentinamente, se da cuenta de que cuyo tiempo en este mundo ya está a medio terminar, y que no se han permitido disfrutarlo mucho. Este es también el consumidor ideal para toda la publicidad incesante y llamativa que se dirige constantemente a nosotros. El mejor impulsor de las ganancias de una empresa es alguien que consuma sin pensar el último producto, siguiendo fielmente el guion social que dicta lo que necesita comprar para ser feliz.

*Registra tus intenciones*

El primer paso es examinar tus valores centrales y luego extrapolar planes concretos basados en esos valores, como se descubrió anteriormente en esta sección. Sin embargo, una vez que has decido por una intención, el trabajo no termina. Solo pensar en hacer algo no hará que lo hagas, a veces, necesitamos un poco de "empuje" para reunir la fuerza de voluntad para lograr nuestros objetivos.

Una vez que hayas creado tus intenciones, ya sea para ser más amable con las personas o simplemente para comer más fruta, debes registrarla. Escribirlo es una de las mejores maneras de traerte físicamente al mundo. Además, el acto de escribirlo te arraiga en tus vías neurales. Pero no necesitas detenerte allí.

Para ir un paso más allá, escribe tu intención y luego ponla en un lugar donde la veas todos los días. Ponlo en un trozo de papel y luego adjunta ese trozo de papel al espejo de tu baño, para que lo primero que veas a primera hora de la mañana. También, puedes colocarlo en lugares donde pases mucho tiempo, como una nota adhesiva adjunta al monitor de tu computadora o en el tablero de instrumentos al lado de tu volante. Tener tus intenciones escritas en múltiples lugares es inmensamente útil, porque una vez que lo ves, puedes vaciar tu mente de cualquier cosa trivial que ocupara tu espacio mental. Puedes borrar el recuerdo de ese imbécil que te detuvo en el tráfico o del trabajador de comida rápida que recibió tu pedido incorrectamente, y puedes concentrarte nuevamente en las cosas que realmente importan.

*Corrige el rumbo*

La repetición es la clave. Cuanto más a menudo veas tus intenciones escritas, más a menudo te recordarás. Cuando más recuerdes, más fácil será corregir el rumbo cuando te encuentres resbalando. Al igual que con cualquier cosa, comenzar es la parte más difícil. La mayoría de las personas tendrán dificultades al principio mientras se adaptan a estos nuevos hábitos mentales. Las intenciones escritas pueden ser de gran ayuda.

Tener recordatorios escritos es como tener una red de seguridad debajo de ti mientras caminas por la cuerda floja. Al igual que con aprender a caminar por la cuerda floja, te vas a caer con bastante frecuencia. No obstante, tener un recordatorio escrito de lo que esperas lograr te permitirá ponerte de pie, desempolvarse, volver a subir y seguir intentándolo. ¡Con el tiempo, dominarás esta habilidad! Pero puedes equivocarte un poco al principio —lo cual es totalmente normal—.

## Meditación

Quizás, la práctica que con mayor frecuencia viene a la mente cuando las personas piensan en dominar sus pensamientos es la práctica de la meditación. Este es un método antiguo que utilizan grupos de todo el mundo, aunque a menudo se asocia con el budismo y el hinduismo. A pesar de estas asociaciones, la meditación se puede aprender de forma completamente secular y no requiere ningún tipo específico de creencia espiritual. La definición del libro de texto es enfocar tu mente por un período de tiempo, ya sea en tranquilidad o con la ayuda de algún tipo de mantra hablado repetitivo. Esto tiene muchos beneficios, incluidos niveles mejorados de enfoque, relajación y pensamientos menos desordenados.

*¿Cómo ayuda la meditación?*

La meditación no solo te brinda beneficios intangibles. Existen efectos muy reales y medibles en el cuerpo y el cerebro. Las personas que meditan tienen niveles más altos de ondas cerebrales theta (relajación), así como niveles más bajos de hormonas del estrés como el cortisol en el torrente sanguíneo.

En un aspecto más psicológico, la meditación nos da la oportunidad de ver cuán verdaderamente ruidosa son las mentes. Solo cuando reducimos la velocidad y nos sentamos en silencio, somos realmente capaces de observar el flujo constante de charlas cerebrales y desorden mental. Al prestar atención a estos niveles de ruido, podemos comenzar a trabajar en ellos y bajar nuestra "perilla de volumen" mental.

Al dedicarnos a una práctica regular de meditación, podemos flexionar nuestros músculos mentales y desarrollar la disciplina para crear la paz y la tranquilidad que anhelamos. Además de tener una mente más pacífica, también observarás una mayor capacidad para concentrarte en la tarea en cuestión, niveles reducidos de ansiedad y la capacidad de mantenerte en el momento presente.

### Crear el espacio

Primero, querrás crear un espacio vacío de distracciones. Silencia tu teléfono y déjalo en la otra habitación. Apaga la televisión. Cierra las ventanas si vives en un vecindario Ruidoso. Asegúrate de que nadie paseará por tu casa y te distraerá.

Muchas imágenes muestran a personas sentadas en el suelo dobladas en pretzels. No hay necesidad de sentarse de esta manera si no puedes hacerlo físicamente. Querrás sentarte en posición vertical, tal vez sobre un cojín en el piso o una silla de respaldo recto. Evita sentarte en el sofá u otras superficies que sean demasiado cómodas —puedes terminar durmiendo—.

### Observa la respiración

A continuación, querrás observar tu respiración. La forma más común de hacer esto es inhalar y exhalar lentamente. Después de terminar cada exhalación, cuenta tu respiración. Una vez que llegues a diez, comienza de nuevo en "uno". La naturaleza cíclica de este conteo le da al cerebro algo que hacer. Todos tenemos algo que los maestros de meditación llaman "mente de mono", que está constantemente parloteando como un mono. Contar tus respiraciones le da a esta parte de tu cerebro algo que hacer para que no estés constantemente trabajando por su boca.

*Mira el cuerpo*

A medida que tu mente se tranquiliza, ánclate a tu cuerpo. Esto te apoya firmemente en el momento presente y también es una gran oportunidad para reconectarte con tu forma física. Muchas personas pasan tanto tiempo en la cabeza que pierden el contacto con sus cuerpos.

A medida que respiras profundamente, puedes comenzar a escanear tu cuerpo. Comienza desde la punta de los dedos de los pies y lentamente sube. Observa cualquier cosa que sea dolorosa, cualquier articulación crujiente o músculos tensos. Una vez que trabajes todo el camino hasta la parte superior de tu cabeza, vuelve a contar tus respiraciones. Puedes usar esta información más adelante para hablar con un médico o crear un régimen de ejercicio.

*Pensamientos como nubes*

A medida que cuentes tus respiraciones, surgirán pensamientos. No obstante, el truco es no prestarles atención. Trata tus pensamientos como nubes. Se forman de la nada, derivan y luego desaparecen. Atraviesan el cielo de tu mente, y eres como un niño acostado en una colina cubierta de hierba viéndolas pasar.

Sigue concentrándote en tu respiración y deja que los pensamientos vayan y vengan. No son importantes. Una vez que alejas tu atención de tus pensamientos, esos pensamientos pierden su poder sobre ti.

*No seas demasiado duro contigo mismo*

Habrá momentos en los que se presente una verdadera dosis de pensamiento, que te distraerán de escanear tu cuerpo o contar tus respiraciones. Cuando esto suceda, no seas demasiado duro contigo mismo. Todos tienen desafíos al principio. Además, reprenderte a ti mismo no te ayuda a meditar mejor; en realidad hace que meditar sea más difícil.

En cambio, cuando notes que tu atención se ha desviado, redirige suavemente tu atención hacia tu respiración. No hay una sola persona aprendiendo a meditar que tenga una mente perfectamente libre de pensamientos. Entonces, cuando te distraigas, como todos, no seas demasiado duro contigo mismo. Es una parte muy normal del proceso de aprendizaje.

**Ejercicio**

Aunque pueda parecer contra-intuitivo, otra gran manera de despejar tu mente s ejercitar tu cuerpo físico. ¿Por qué es eso? Cuando no movemos nuestro cuerpo, podemos tener mucha energía acumulada que no se libera. Esta energía llega hasta nuestro cerebro, donde puede manifestarse como ansiedad, neurosis, ira o charla incesante. Por lo tanto, al liberar este exceso de energía del cuerpo, estamos evitando que se infiltre en nuestra mente.

*Beneficios físicos*

Existen un millón de estudios científicos por ahí que alaban las virtudes del ejercicio y sus beneficios para la salud a largo plazo, por lo que no voy a entrar en ellos en este momento. El ejercicio también es conocido por liberar endorfinas en el torrente sanguíneo, lo que puede elevar el estado de ánimo y, a veces, incluso emitir sentimientos de euforia. Estos beneficios de elevación del estado de ánimo te permiten disfrutar más plenamente de tu vida y estar más anclado en el momento presente.

Por otro lado, la falta de ejercicio físico también se ha relacionado definitivamente con una peor salud mental. La inactividad coexiste con muchas enfermedades mentales. Si bien es peligroso vincular las dos y la correlación no es igual a la causalidad, si puedes hacer ejercicio, es probable que tu salud mental sea mejor que las personas que no lo hacen.

*Ponte más en contacto con tu cuerpo*

Como se indicó en la sección sobre meditación, muchas personas pasan sus vidas en sus cabezas y tratan sus cuerpos como un vehículo que lleva sus cabezas hacia y desde varios lugares. Vivir únicamente en tu cabeza no solo te hace más propenso a quedarte atrapado en el futuro o en el pasado, sino que también conduce a una desconexión peligrosa de tu cuerpo.

Cuando no estas anclado en tu cuerpo físico, no estas prestando atención a sus señales de advertencia. Una metáfora podrías ser que, en lugar de ver que se enciende la luz de gas en tu carro, estás preocupado que de repente se detenga y no pueda continuar. ¿Con qué frecuencia nos olvidamos de tomar agua?, ¿o comer?

Estar más en contacto con tu cuerpo físico no solo te ancla en el momento presente, sino que a su vez te permite aprender los ritmos de tu cuerpo y lo que es "normal" y "anormal". Esto puede ser una gran ayuda cuando te das cuenta de que algo está mal y puedes acudir al médico para un temprano tratamiento preventivo.

¡Asimismo, tu cuerpo será más fuerte! Alguien que se quede sin aliento al subir un tramo de escaleras se deleitará con la maravilla de poder correr un maratón después de un entrenamiento diligente. Estar en mejor forma te permite sentirte poderoso y fuerte, y tu cuerpo estará en mejores condiciones para resistir las pruebas y tribulaciones del envejecimiento.

# Capítulo 6: ¿Cómo ordenar tu vida?

Hasta ahora, hemos hablado sobre cómo ordenar tu casa y cómo ordenar tu mente. Avancemos un paso más y ampliemos estos métodos para analizar cómo puedes utilizar la filosofía del minimalismo para ordenar tu vida. Muchos de nosotros sentimos el tiempo escaso, con qué frecuencia has escuchado la frase "ojalá hubiese más horas en el día". Bueno, nunca habrá más horas en el día —así que tenemos que hacer que las horas que tenemos cuenten—. Para que esas horas cuenten, tenemos que evaluar cómo gastamos nuestro tiempo y redirigir nuestro enfoque y tiempo hacia aquellas cosas que representan nuestros valores centrales.

**Relaciones tóxicas**

Una de las cosas más importantes en nuestras vidas son nuestras conexiones con las personas que amamos. No obstante, a veces, las personas que amamos no son buenas para nosotros. Algunas relaciones son perjudiciales, estas se llaman "relaciones tóxicas". Una relación de este tipo se caracteriza por comportamientos de la persona tóxica que son mental, emocional o físicamente perjudiciales para la otra persona. Una relación de este tipo te hará sentir sin fuerzas, triste, ansioso y agotado. Las personas tóxicas pueden derribar a otros y ser innecesariamente crueles. Estos son los tipos más fáciles de detectar.

El tipo más difícil de detectar son aquellos amigos que están atrapados en comportamientos autodestructivos y que constantemente requieren tu tiempo y atención para consolarlos o ayudarlos, este tipo de relación puede ser agotadora, y si bien puedes sentir que estás asumiendo un papel enriquecedor, la verdad es que estás actuando como un facilitador. Ambos tipos de relaciones son perjudiciales a su manera.

Las relaciones saludables te hacen sentir apoyado y amado. Puede haber algunas críticas, pero se da en el espíritu de superación personal y para llamar a comportamientos problemáticos, en lugar de por maldad. Las relaciones sólidas se basan en la confianza y el respeto mutuo y nunc deberían dejarte sintiéndote agotado o abusado mentalmente, emocionalmente o físicamente.

*¿Por qué nos aferramos a las relaciones tóxicas?*

Si estas relaciones son tan malas para nosotros, ¿por qué nos aferramos a ellas? Nos aferramos precisamente porque la conexión con los seres queridos es muy importante para nosotros. Cuando amamos a alguien, no queremos dejarlo ir, ya sea un amigo de mucho tiempo, una pareja romántica o un miembro de la familia.

Podemos decir: "Bueno, ¡los he conocido por toda mi vida!, ¡no puedo dejarlos!", o "esta persona es familia así que tengo el deber de apoyarlos". Si tenemos baja autoestima, podemos pensar "incluso si esta persona me hace sentir muy triste, no sé si alguien más se enamorará de mí" o "soy tan malo para hacer amigos que si pierdo este, estaré solo". El primer tipo de razonamiento se basa en el engaño. El segundo tipo se basa en la baja autoestima.

### Amistades

Puede ser difícil dejar de lado las amistades, especialmente cuando las conocemos desde hace décadas o desde la infancia. Cultivamos relaciones con nuestros compañeros en la escuela, en el trabajo o en actividades extracurriculares. Estas personas se convierten en una especie de familia adoptiva, y tú formas vínculos basados en opiniones e intereses compartidos. Los buenos amigos hacen la vida mucho más placentera y divertida.

Una de las cosas que hace que mudarse a una nueva ciudad sea tan aterrador es el hecho de que sabemos que tendremos que hacer nuevos amigos. La sensación de aislamiento y soledad que proviene de estar solo es terrible. Por lo tanto, tendría sentido que quisiéramos aferrarnos a todos los amigos que tenemos, especialmente si no tenemos muchos, para empezar.

Es útil tomar nota de cómo te sietes después de pasar tiempo con tus amigos. ¿Te sientes feliz, vigorizado y satisfecho? ¿O te sientes exhausto, agotado y triste? No me malinterpreten, hay una diferencia entre estar allí para un amigo que está pasando por un momento difícil y tener un amigo que solo drena tu energía en cada interacción durante años y años.

Existen dos formas de manejar este tipo de situación. Si crees que la persona puede cambiar, entonces debes tener una honesta relación con ella. Si cambian sus formas, entonces la amistad se salva. Sin embargo, si siguen siendo los mismos, entonces debes pasar al siguiente método, que es distanciarse de esa persona. Tu salud mental te lo agradecerá.

*Relaciones románticas*

Este tipo de relación tóxica es un nivel más difícil de deshacer que el primero. Permíteme ser claro: cualquier relación que sea física, emocional, mental o verbalmente abusiva es terrible, y debes irte de inmediato. No obstante, a veces, una pareja romántica tóxica no es abusiva. Es posible que simplemente carezcan de motivación y vivan en estado de estancamiento, e intenten mantenerlo allí con ellos.

Nuestra sociedad nos ha dicho que necesitamos tener un amor romántico para ser felices, esto lleva a muchas personas a temer ser solteras. Piensan que no hay forma posible de ser felices si no estuvieran en una relación romántica. Pero si la relación romántica está obstaculizando tu crecimiento personal, puede ser hora de reevaluar.

Las relaciones deben ser capaces de evolucionar y crecer. Si la persona no puede evolucionar, entonces no hay muchas esperanzas de que la relación puede sobrevivir en el futuro. Como siempre, haz un esfuerzo de buena fe para hablar desde el corazón y darte a la persona la oportunidad de cambiar sus costumbres. A menudo, cuando las parejas románticas ven a su ser querido embarcarse en un viaje de superación personal, pueden sentirse inspirados para emprender este camino también. Pero si no lo son, y no lo hacen, entonces es mejor que te desconectes de una pareja incompatible y continúes creciendo por tu cuenta, en lugar de ser sofocado por alguien que no quiere cambiar.

*Lazos familiares*

Este es quizás el tipo de relación más difícil de manejar. La familia para algunos, es el tipo de conexión más importante que existe. Soportamos cosas de miembros de la familia que no tomaríamos de nadie más. Dicho esto, si bien nuestro umbral de paciencia puede ser mayor para los miembros de la familia, llega un momento en que ciertos comportamientos son inaceptables.

En el fondo, sabemos qué miembros de la familia tienen en mente nuestros mejores intereses en el corazón. A veces puede haber discusiones burlonas o acaloradas, pero la gente se reúne después y se disculpa y repara los daños.

No obstante, hay algunas personas que no merecen espacio en tu vida, incluso si son parientes sanguíneos.

Si alguien siempre hace comentarios sarcásticos y te derriban sin motivo, no tienes que aguantar eso. Del mismo modo, si un familiar te censura y te avergüenza por ser simplemente tú mismo, no merece un espacio en tu vida. Romper el vínculo puede ser doloroso y puede causar problemas en tu familia. Sin embargo, debes preguntarte: ¿estás dispuesto a sacrificar tu propia salud mental simplemente para evitar hacer problemas? Apuesto a que la respuesta es no.

Las relaciones pueden ser complicadas. Idealmente, todos nuestros diferentes tipos de conexión, ya sean familiares, románticas o platónicas, nos vigorizarán y nos dejarán sintiéndonos apoyados y amados. Incluso pueden desafiar nuestras ideas, mencionar nuestros comportamientos problemáticos e identificar formas en que podemos crecer como personas. Pero las conexiones tóxicas solo nos agotarán y disminuirán la calidad de nuestra vida. Para simplificar tu vida, debes dejarlos ir. Las relaciones ocupan una gran cantidad de espacio en tu vida; vivir una vida simple es mucho más fácil cuando eliminas a las personas que ocupan espacio con negatividad, ira o abuso.

**Factores de estrés**

Algo más que ocupa una gran cantidad de espacio en nuestras vidas es lo que se le puede llamar "factores de estrés". Estos provienen de todas las partes de la vida. Requieren atención, y pasamos mucho tiempo y esfuerzos manejándolos. Cuando prestamos atención a las cosas que nos estresan, obtenemos información valiosa sobre cómo estamos gastando nuestro tiempo y energía mental. Es importante prestar atención a algunas cosas, como un techo con goteras. Otras cosas, como el informe trimestral de junio, pueden ocupar una cantidad poco saludable de nuestro tiempo. Prestar atención a nuestros factores estresantes pueden ayudarnos a evaluar si realmente vale la pena estresarse. Si no lo son, entonces quizás no necesitamos darles tanto espacio en nuestras vidas.

*Hogar*

Muchas personas ven sus hogares como símbolos de estatus. Sus hogares deben ser de cierta manera, llenos de ciertos tipos de posesiones, y siempre deben cumplir con un cierto estándar de limpieza. Y hay algo que decir para tener un piso que siempre está limpio y un hogar libre de desorden. Sin embargo, algunas personas lo llevan al extremo.

Existe un adagio común de "¿qué pensará el vecino?" Las personas que tienen esta preocupación piensan que el patio debe estar libre de malezas y siempre cortado, los setos siempre perfectamente recortados y un carro limpio que siempre está estacionado en el camino de la entrada. Preocuparse por los hipotéticos vecinos nos hace perder mucho tiempo en mantener parches aburridos de hierba cargados de productos químicos y tóxicos para las abejas. Nos hace comprar un televisor de cierto tamaño para que los vecinos se impresionen.

Muchas personas pasan demasiado tiempo preocupándose por el aspecto interior y exterior de su casa. Solo tenemos tanto tiempo en el día, y no tiene sentido desperdiciarlo preocupándose por algo tan tonto como nuestro césped.

*Trabajo*

En la sociedad en la que vivimos, se nos enseña que la productividad es la clave del valor personal. La cantidad de cosas que podemos lograr mide nuestro valor como persona. Como dice la gran mentira estadounidense, "el tiempo es dinero". Las empresas demandan mucho de sus empleados y generalmente dan muy poco a cambio. Tu empleador quiere que trates tu trabajo como lo más importante en tu vida, pero en realidad, si te despidieran, podrían reemplazarte en una semana.

Perdemos tanto tiempo invirtiendo nuestros pensamientos y emociones en nuestro trabajo que nos olvidamos de lo que realmente importa. A menos que realmente ames tu trabajo y creas que estás haciendo del mundo un lugar mejor, tu trabajo probablemente no te haga sentir feliz y satisfecho. Por supuesto, es importante presentarse a trabajar todos los días a tiempo, mantenerse presente y rendir al máximo tu capacidad.

Pero deja el trabajo en el trabajo. Cuando llegas a casa, hay unas pocas horas preciosas que puedes dedicar a ti mismo o pasar con tu familia. Haz que ese tiempo cuente, en lugar de dedicar más tiempo en la oficina para la emergencia del día.

*Familia*

La familia debería ser una de las cosas que traen felicidad y alegría a nuestras vidas. Pero hay momentos en que las cosas se ponen agitadas y fuera de control que tenemos que manejar. A veces, nuestro hijo se enferma o tenemos que acoger a un padre enfermo. Estos son factores estresantes por los que todos pasamos en la vida.

Pero a veces, con la familia, podemos estresarnos de formas evitables, improductivas y desordenar nuestras mentes y nuestras vidas. Podemos tener una relación tensa con cierta persona, u otro pariente puede estar avergonzándonos por no irnos de vacaciones familiares caras.

Debemos tomar la decisión de intentar reparar estas relaciones o terminarlas. La única otra opción es continuar viviendo en crisis emocionales que no son saludables y nos impiden vivir nuestras vidas al máximo. Sin mencionar que nos impiden conectarnos con nuestra familia, que son las personas que a menudo nos conocen mejor. Las relaciones solo son valiosas siempre que sean saludables, esto va incluso para la familia, —quizás, lo ms importante, para la familia—. De lo contrario, se vuelve tan molesto e inútil como un vacío roto que ha estado sentado en tu sala de estar durante los últimos siete meses. Esto igualmente necesita ser reparado o necesita irse.

*Extra curricular*

Todos tenemos pasatiempos. Nos permiten explorar nuestras pasiones y llevar una vida rica y equilibrada. Sin embargo, debes tener en cuenta que existe una clara diferencia entre hacer lo que amas y tratar de hacerlo todo. Solo tenemos cierto tiempo, por lo que debemos asegurarnos de aprovechar al máximo el tiempo que tenemos, que es la base de cómo se aplica el minimalismo a la vida en general.

Necesitamos prestar atención a nuestras emociones que rodean nuestros pasatiempos. Deberíamos sentirnos satisfechos, felices o quizás desafiados (en el buen sentido) por nuestras actividades extracurriculares. Si notas que algo solía traerte alegría y ahora solo te produce frustración, puede ser el momento de hacer una pausa y examinar las razones de esto.

¿Es porque simplemente ya no disfrutas de lo que solías amar? ¿O simplemente has puesto tantas cosas en tu plato que no puedes disfrutar de ninguna de ellas? Como ejemplo:

A Ken le encanta el kayak. Él iría al río todos los fines de semana y disfrutaría de un poco de paz y tranquilidad. Se unió a un club de kayak para conocer gente que compartía sus intereses. Finalmente, se le pidió que fuera organizador del club. Él dice que sí, y asume muchas responsabilidades nuevas. La otra persona que dirige el club desaparece y, de repente, le queda el doble de carga de trabajo.

De repente, se siente estresado y enojado cada vez que mira su kayak y ya ni siquiera disfruta de ir al río en él.

Este es un caso en el que algo que amas puede cobrar vida propia y puedes dejar de disfrutarlo. Ken necesita simplificar su vida y volver a bajar al río solo, sin ninguno de los factores de estrés adicionales que involuntariamente dejó entrar a su vida.

### Establecer rutinas y hábitos

Una de las formas más fáciles para que tu vida se desordene con demasiadas obligaciones es si tiende a operar en el caos. Si nunca sabemos con certeza cómo se supone que será nuestra vida, es demasiado fácil permitir que se llene de más cosas de las que puede contener cómodamente. ¿Cómo, entonces, enfrentamos el caos?

Las rutinas y los hábitos son la muerte del caos. Algunas personas pueden rodar los ojos al pensar en establecer una rutina. Después de todo, ¿no caer en una rutina conduce a la muerte de la espontaneidad? ¿Las rutinas no nos hacen aburridos? Lejos de ahí. Tener una rutina da a nuestras vidas comodidad y regularidad. Nos permiten ver cuánto espacio realmente tenemos en nuestras vidas para no terminar llenándolos en exceso.

*Rutinas de mañana y tarde*

Cuando comienzas a establecer rutinas, las primeras horas son el mejor momento para comenzar. Tener un procedimiento establecido para cuando te levantas por la mañana te permite relajarte sin ser empujado o estresado. Establecer una rutina podría ser tan simple como lavarse la cara, cepillarse los dientes y luego darse diez minutos de silencio para sentarse en tu porche trasero y disfrutar de una taza de café.

Todos hemos escuchado la frase "despertarse en el lado izquierdo de la cama". Si nos despertamos de mal humor, no tenemos tiempo para centrarnos antes de tener que apresurarnos en nuestro desayuno y salir corriendo por la puerta, así, este mal humor se traslada al resto del día. Tener tiempo para permitirse respirar y centrarse te permitirá sacudirse el mal humor y evitar que se eche a perder el resto del día.

De manera similar, tener una rutina nocturna es inmensamente útil. Un procedimiento de relajación le indicará a tu cuerpo que es hora de comenzar a prepararse para dormir, y podrás dormir más fácilmente. Algunos datos sobre el establecimiento de una rutina nocturna se ven a continuación:

- Intenta acostarte a la misma hora todas las noches.

- No mires ningún tipo de pantalla electrónica al menos una hora y media antes de acostarte.

- No realices ningún tipo de actividad mental extenuante antes de acostarte.

Tener un ritmo para tu día te da un flujo. Asimismo, te permite crear pequeños momentos de paz donde puedes anclarte y volver a aterrizar. Tener momentos como este durante todo el día reducirá tus niveles de estrés y aumentarás tu nivel general de felicidad.

*Organiza tu billetera o cartera*

Otra forma de establecer buenos hábitos es asegurándote de organizar regularmente tu billetera o cartera. ¿Cuándo fue la última vez que lo hiciste? Hay probabilidades de que haya un recibo allí desde hace seis meses, así como un envoltorio de dulces arrugado y otra basura variada.

Si no somos conscientes de estas cosas, podemos terminar cargando basura con nosotros durante meses. ¿Qué mejor metáfora para una vida desordenada existe que transportar basura que no necesitamos?

Cuando organizas estos espacios, estas ahorrando tu futuro en algún momento. Con menos cosas que buscar para encontrar tu tarjeta de débito, licencia de conducir o estuche para lentes, podrás encontrar lo que necesitas más rápido. Sin mencionar el hecho de que te estas ahorrando mucha frustración, una emoción que puede abrumarte rápidamente.

Una vez que comiences a practicar el minimalismo con respecto a tu hogar, también tiene sentido que a su vez se extienda a otras áreas de tu vida. Esta es una consecuencia natural de ordenar tu hogar. Incluso puedes encontrarte organizando otros espacios, como tu espacio de trabajo y tu carro.

Si tienes una cartera, esto es especialmente pertinente. Vacía todo y coloca todos los artículos en una superficie grande y plana. Tira toda la basura. Luego, revisa los elementos uno por uno y determina si realmente los necesitas. Sé desconsiderado y no guardes nada que no hayas usado en más de un mes.

*Mantén una botella de agua contigo*

Este consejo puede parecerte extraño. ¿Por qué debería decirte que traigas un artículo adicional contigo, cuando todo este libro trata de decirte que lleves menos? La respuesta a esa pregunta es fácil: probablemente no estés bebiendo suficiente agua como antes. Ninguno de nosotros lo hacemos.

En la mayoría de nosotros existe un estado de deshidratación en algún grado u otro. Esto nubla nuestras mentes, disminuye la eficiencia de nuestros cuerpos y puede tener efectos negativos para la salud a largo plazo. Mantenerse adecuadamente hidratado no solo ayuda a tu cuerpo a funcionar mejor, sino que a su vez te ayudará a despejar tu mente.

¿Con qué frecuencia has tenido un fuerte dolor de cabeza, aparentemente de la nada? Lo más probable es que fue un dolor de cabeza por deshidratación. ¡No beber suficiente agua es una de las razones más tontas por las que nos sentimos incomodos físicamente, y también es una de las más fáciles de solucionar!

Entonces, en este caso, lleva contigo el artículo extra. Asegúrate de obtener al menos ocho vasos de agua al día. Tus riñones funcionarán mejor, tu niebla cerebral se disipará y no tendrás más de esos molestos dolores de cabeza por deshidratación.

Puede ser útil configurar la alarma de tu reloj o teléfono para que suene cada hora, o cada pocas horas, para recordarte que tomes agua. Esto te ayudará a establecer el hábito de beber más líquidos. Eventualmente, se convertirá en una costumbre, y ya no necesitarás la alarma.

*No usar el teléfono antes de acostarse*

Pasamos gran parte de nuestros días mirando nuestros teléfonos. Estamos constantemente vinculados a las redes sociales, y pasamos una gran cantidad de tiempo desplazándonos por nuestras publicaciones recientes en Facebook, Instagram,

Twitter y todos los demás sitios que existen. Llenan nuestra mente, satura nuestra energía mental y llama nuestra atención.

Este desorden mental es exactamente el tipo de cosas que quieres evitar si estas tratando de dormir. Cuando intentas quedarte dormido, quieres un ambiente agradable y tranquilo. Prefieres una mente que no tenga problemas, y deseas pasar el tiempo antes de acostarte haciendo algún tipo de actividad relajante, como leer un libro o tejer.

Leer obsesivamente la última publicación de Karen en Facebook, o entrar en una discusión en Twitter, estas son exactamente el tipo opuesto de cosas a las que quieres prestarles atención. Estas son pérdidas de tiempo que exigen una gran cantidad de energía mental y emocional. Cuando les das esa energía y atención, estas despertando tu mente y agitando tus emociones.

¿Es de extrañar que no duermas bien después de chequear las redes sociales antes de acostarte?

Hazte un favor y configura tu alarma temprano en la noche, si usas tu teléfono como despertador. Luego déjalo a un lado y no lo vuelvas a mirar hasta la mañana. Mejor aún, no profundices en las redes sociales y otras funciones digitales que requieran atención hasta después de que hayas tenido tu momento de silencio matutino y te hayas centrado y estés listo para el día.

### Aprender a decir que no

Estas es quizás la habilidad más importante que necesitarás adquirir si deseas simplificar tu vida de verdad. Pero aprender a decir que no puede ser muy, muy difícil. ¿Por qué es eso? Como sociedad, hemos sido condicionados para aprender a decir "sí" a todo lo que se cruza en nuestros platos. Si decimos "no", tenemos miedo de ser etiquetados como alguien que no es un jugador de equipo, que es tacaño con su tiempo y no tira de su peso.

Pero si decimos "sí" a demasiadas cosas, entonces no hacemos bien ninguna de ellas. Cuando limitamos nuestros compromisos, podemos dar una o dos cosas, nuestra atención completa e indivisa y obtener excelentes resultados. Sin embargo, cuando nuestra atención se dispersa entre demasiados compromisos, terminamos no cumpliendo ninguno de ellos. Aprender a decir que "no" es, en última instancia, un acto de compasión, no solo para ti sino para los demás.

Ya que si dices "sí" cuando no eres capaz de comprometerte completamente, entonces estas dando tu solicitud menos que el enfoque y la atención que merece.

*Asumir más de lo que podeos manejar*

Vivimos en una sociedad que nos ha condicionado a pensar que nuestro valor está determinado por lo productivos que somos. Si no podemos hacer todas las cosas, entonces no tenemos valor como ser humano. Esto ha llevado a una mentalidad tóxica en la que trabajamos tan duro, nos agotamos y terminamos profundamente infelices con nuestras vidas. Creemos que decir "no" es el peor pecado posible. Después de todo, todos hemos escuchado acerca de esas personas que dijeron "si" a cada oportunidad durante una semana, un mes o un año, y cómo supuestamente viven vidas más felices y plenas.

Lo que funcionó para esas personas no funciona para la mayoría de nosotros. Nosotros ya tenemos demasiado en nuestros platos y necesitamos trabajar para limpiarnos antes de apilar más cosas sobre ellos. Una de las cosas más difíciles de practicar el minimalismo en tu vida es aprender a desacondicionarse de la culpa que ha sido programada para negarle a alguien.

*Las personas siempre querrán algo*

No importa quién eres, la gente siempre te hará peticiones. Si eres u padre que recibió la solicitud número un millón para hacer un viaje de campo o unirse a la PTA, o si se te ha pedido que asumas otro proyecto en el trabajo, las demandas nunca dejarán de llegar. No hay mundo en el que las solicitudes dejarán de llegar por lo que es mejor que dejes de orar por ellas.

En lugar de tratar de pensar en una forma que la gente deje de pedirte que hagas cosas, debes aprender a decir que "no". El truco consiste en aprender en cómo decir que "no" de una manera compasiva pero firme. Algunas formas que puedes hacer esto son las siguientes:

- Enmarca tu rechazo como un beneficio para ellos.
- Habla desde el corazón.
- Describe el resultado posible si asumiste un proyecto, pero no pudiste prestarle la atención que merece.
- Sé breve.

- Mantente amable.

El hecho de que digas "no" a la solicitud de alguien no significa que seas un imbécil. Ten estas conversaciones tan compasivamente, pero tan firmemente como sea posible. El mejor de los casos es que la persona se aleje sintiéndose contenta de que hayas sido tan honesto con ella, en lugar de estar enojada porque rechazaste su solicitud.

Cuando te niegues, asegúrate de mostrarle a la persona cómo tu participación en el proyecto sería perjudicial para su éxito de este momento. Reafirma tu relación y expresa la gratitud que pensaron que le ayudarían a resolver este problema. Al final, quieres que estén tan agradecidos de que te hayas negado como lo hubieran estado si hubieses aceptado.

*Establecer límites*

Para aprender a decir no efectivamente, también tenemos que aprender cuáles son nuestros límites. Una buena manera de hacer esto es primero averiguar exactamente a dónde va tu tiempo. Es posible que desees cronometrar todas tus actividades en una semana determinada y luego expresarlas visualmente en un gráfico. Puede parecer mucho trabajo por adelantado, pero te dará un diseño visual de tu tiempo y una vista panorámica de dónde van todas tus horas.

Una vez que sabes a dónde va tu tiempo, sabes lo que necesitas para distribuirlo. ¿Necesitas pasar tres horas en las redes sociales en un día determinado? Probablemente no.

No obstante, también comprenderás cuántos compromisos tienes. Una vez que comprendas el verdadero alcance de tus compromisos, tómate un momento para reflexionar: ¿te sientes abrumado con la cantidad que tienes? En caso afirmativo, es posible que debas comenzar a prescindir de ellos. Si no, has alcanzado la zona dorada, donde has logrado el equilibrio. Si te sientes que actualmente no estás logrando mucho y quieres un nuevo desafío, puede ser hora de decir "sí" a algo nuevo.

### Respetar los límites

Ahora que has aprendido a decir "no", también debes aprender a respetar el "no" de otras personas. Una vez que hayas aprendido a establecer tus propios límites, también debes aprender a reconocer y respetar los límites de otras personas. Estas negarán tus solicitudes de su tiempo y atención; la clave es no tomarlo como algo personal.

Una cosa mágica sucede una vez que aprendes a respetar los límites de otras personas. Una vez que las personas reconocer que tú eres cortes y respetuoso cuando se trata de este tipo de solicitudes, como dicen "sí", su compromiso será mucho más profundo y centrado, porque entienden que valoras su tiempo y atención. Si aprendes a respetar a los demás, ellos aprenderán a respetarte, lo que eliminará las complicaciones emocionales negativas de tu vida.

**Estilo de vida**

Existen algunas cosas rápidas y simples que puedes hacer para simplificar tu vida de inmediato. Algunos de los elementos que hemos mencionado pueden ser difíciles y requieren mucho coraje. Pero los que se enumeran a continuación son rápidos y fáciles, y pueden darte un impulso útil para obtener un buen resultado.

*Darse de baja del correo electrónico*

No solo tenemos desorden físico, mental y metafórico. Tenemos desorden digital también.

Nuestras bandejas de entrada de correo electrónico pueden causarnos una gran cantidad de estrés tan pronto como encendemos la computadora. Una manera rápida y fácil de simplificar tu experiencia en línea es reservar un poco de tiempo para revisar tu bandeja de entrada.

Abre tu bandeja de entrada y ve línea por línea, cancelando la suscripción de cualquier correo electrónico que no hayas abierto. Esto incluye correos sociales, correos promocionales y correos no deseados. Sé desconsiderado y meticuloso. Quédate hasta que termines el trabajo. Lo más probable es que encuentres correos electrónicos a los que ni siquiera recordabas haberte suscrito en primer lugar.

No te quedes suscrito a ninguna lista de correo electrónico "por si acaso". ¿Te envía una empresa correos electrónicos promocionales con códigos de descuento? ¡Excelente! Pero, ¿has utilizado alguno de ellos en los últimos seis meses? Si no es así, cancela la suscripción. Aferrarse a cualquier cosa "por si acaso", incluso los correos electrónicos, solo agrega estrés innecesario en tu vida.

*Preparación de la comida*

Hacer comida debe ser un acto de meditación y felicidad a medida que experimentas nuevas formas de nutrir tu cuerpo. Pero cuando tienes poco tiempo, puede convertirse en una gran fuente de estrés. Si estamos estresados y tenemos poco tiempo, haremos elecciones de alimentos convenientes y poco saludables.

Este consejo puede ser tan simple como preparar tu almuerzo la noche anterior. Si deseas adentrarte con todo incluido, puedes preparar todas tus comidas para la semana los sábados y domingos.

*Mira menos televisión*

Ver televisión puede sumergirte en historias maravillosas que amplían nuestros horizontes. Pero también hay mucha basura en la televisión, y está replete de compañías que intentan venderte cosas.

Si tienes algunos programas que te encantan, está bien. Pero cuando veas tu programa, hazlo intencionalmente. Y una vez que termine, apaga la televisión. Consumir menos televisión ayudará a despejar tu mente y liberar tu enfoque.

*Redes sociales*

Otro enorme acaparador de tiempo son las redes sociales. Tiene su lugar en este mundo moderno —después de todo, casi todo el mundo están en él—. Esto es una excelente manera de mantenerte conectado con viejos amigos y ampliar tus horizontes. Pero al igual que con la televisión, sé consciente de cuánto tiempo pasas en ellas.

Es muy sencillo decidir revisar tus notificaciones y, de repente, te das cuenta que has pasado una hora mientras las ves. Gastamos mucho tiempo y energía emocional, discutiendo nuestros puntos en línea. Sin embargo, rara vez, si alguna vez, podemos cambiar las opiniones de un extraño a través de internet. Dejar ir la ilusión puede ayudar a simplificar tu vida.

Establece un temporizador cada vez que estés en las redes sociales. De esta manera, eres responsable del tiempo que pasas en línea.

*Dedica más tiempo a lo que es importante*

Una vez que hayas eliminado las cosas de tu vida que te quiten el tiempo, podrás examinar críticamente los períodos de tiempo abiertos en tu agenda y decidir qué quieres hacer con ellos. En lugar de pasar dos horas al día desplazándote sin pensar por las redes sociales, puedes aprovechar ese tiempo y decidir, conscientemente, cómo te gustaría pasar ese tiempo.

Regresa a tus valores centrales y saca a luz tu lista de intenciones. Usa estas dos herramientas para guiarte en la toma de decisiones sobre cómo pasar tu tiempo. Si dominar tu ansiedad es tu prioridad más importante, entonces querrás pasar tu tiempo haciendo una práctica de meditación o utilizando algún otro método calmante para tener tranquilidad. Si la aventura es tu mayor prioridad, puedes aprovechar el tiempo todos los días para planificar tu próxima salida, ya sea tan simple como navegar en kayak por el río local o investigar y planificar tu próximo viaje a Nepal.

Vivir una vida que esté alineada con tus verdaderos valores es lo que da satisfacción y felicidad a las personas. Las cosas que hacemos todos los días suman toda una vida, por lo que queremos asegurarnos de que las cosas que estamos sumando valen la pena. Para algunas personas, todo lo que se necesita para estar satisfecho es asegurarse de que se tomen tiempo todos los días para disfrutar un poco de paz y tranquilidad con una taza de café y un buen libro. Para algunas personas, la vida es una gran aventura y necesitan asegurarse de salir y ver el mundo. Cualquiera que sea tu inclinación, asegúrate de hacer tiempo para ello.

Una vida desordenada es una vida infeliz. Llenamos nuestro tiempo de cosas que no necesitamos, compradas con dinero que no tenemos, para impresionar a las personas que no nos gustan. ¿De qué sirve? Seguimos un guion social que promete hacernos felices, y solo nos deja tristes y desconsolados. Cuando elegimos aplicar el minimalismo a nuestras vidas, descartamos este guion y aplicamos habilidades de pensamiento crítico para evaluar y repensar lo que nos han enseñado. Y cuando las personas se dan cuenta de que no necesitan cosas o apegos pocos saludables para ser felices, se vuelven libres.

*Finanzas*

Uno de los mayores factores de estrés en nuestras vidas son nuestras finanzas. Vivimos en una sociedad capitalista, lo que significa que tenemos que ganar dinero para mantenernos vestidos, alojados y alimentados. Sin embargo, hemos aprendido muchos hábitos poco saludables en torno al dinero en el mundo occidental, y esos hábitos nos están haciendo extremadamente infelices. Algunos de estos incluyen acumular enormes cantidades de deuda para comprar cosas que no necesitamos, no pagar nuestra deuda, pensar que necesitamos pagar grandes cantidades de dinero por cosas o experiencias, y pensar que necesitamos tener vidas enormes y lujosas. Estas son falacias que serán refutadas en las siguientes secciones.

### Paga los gastos cuando vencen

Una de las cosas que están garantizadas para desordenar tu mente, estresarte y complicarte la vida es si tienes gastos no pagados sobre ti. Cuando nuestras facturas se vencen, nos estamos poniendo en una situación peligrosa. Si es posible, paga todas tus facturas no solo a tiempo sino también antes de tiempo. Si tienes dinero extra, aplicarlo para las facturas y gastos puede ahorrarte una gran cantidad de estrés. En lugar de preocuparte en el último minuto de dónde vendrá el dinero para pagar determinada factura, tendrás comodidad y la seguridad de saber que es pagada con mucha antelación.

Cuando tu mente no está abarrotada de preocupaciones sobre qué facture se ha pagado y cuáles no, tendrás mucha más capacidad intelectual para aplicarlo en otras situaciones de tu vida. Las facturas son, con mucho, una de las cosas más estresantes con las que tenemos que lidiar como adultos. Si pagas tus facturas por adelantado, puedes eliminar esa preocupación de tu vida por completo.

*Haz cosas que son gratis*

Tenemos la noción equivocada del occidente de que para que algo sea valioso, tenemos que pagar por ello. Las cosas que son gratis son poco costosas, y parecemos ser "pobres" o "empobrecidos" si no pagamos grandes sumas de dinero por lujosas pertenencias, experiencias o vacaciones. Hay una razón por la que dicen "las mejores cosas de la vida son gratis".

En lugar de pagar grandes cantidades de dinero para visitar un parque temático, puedes encontrar muchas cosas increíbles para disfrutar de forma gratuita, justo donde vives. Visitar las reservas forestales o los bosques cercanos a tu hogar es un excelente lugar para comenzar. El senderismo es una perfecta manera de desafiar tu resistencia física, y se ha demostrado científicamente que pasar tiempo en la naturaleza mejora la calidad de nuestra salud mental. Además, obtienes el beneficio adicional de poder aprender grandes cantidades de información sobre plantas, animales y ecosistemas locales. Aprender sobre las complejidades de los ecosistemas en los que vivimos es una tarea que puede entusiasmar a cualquier intelecto.

Si no te gusta la naturaleza, hay muchas otras cosas que puedes hacer de forma gratuita o por un costo muy bajo. Date la oportunidad de explorarlos.

*Paga la deuda*

Nuestra sociedad nos anima a adquirir deudas, pero muchas personas terminan nunca pagándolas. En cambio, continúan adquiriendo artículos de lujo y aplican su dinero a pequeños lujos del día a día. Una de las cosas más rápidas que puedes hacer para simplificar tu vida es aplicar tantos ingresos adicionales como sea posible para pagar tu deuda.

Esto tiene muchos beneficios. En primer lugar, mejorará enormemente tu puntaje de crédito, haciendo que tu futuro financiero sea mucho más fácil de navegar. En segundo lugar, obtendrás una tranquilidad indescriptible cuando te liberes de deudas. La deuda es un grillete que nos encadena a un sistema que nos quiere comprar, comprar, comprar. A veces, necesitamos adquirir deuda, como si queremos comprar una casa o iniciar un negocio. No obstante, la mayoría de las deudas, como las de las tarjetas de crédito, se adquieren simplemente viviendo de la forma en que nuestra sociedad quiere que vivamos.

Como puede decirte cualquiera que esté endeudado, esto rige tu vida. Es una presión constante en el fondo de tu mente que nunca te permite descansar por completo. Una vez que salgas de la deuda, estarás a cargo de tu vida nuevamente.

### Renuncia a los símbolos de estatus

Esta es quizás una de las cosas más fáciles que puedes hacer para ordenar tu vida. Gastamos mucho dinero en símbolos de estatus para impresionar a otras personas. Sin embargo, no s nuestro trabajo en la vida hacer felices a otras personas, es nuestro trabajo hacernos felices. Cuando dejas de tratar de impresionar a otras personas, puedes vivir tu vida por ti mismo, en lugar de por los demás.

No necesitas endeudarte con cincuenta mil dólares por ese llamativo carro nuevo. Un vehículo usado confiable también te servirá. No necesitas gastar miles de dólares en un crucero por el Caribe. Obtener un AirBnB barato en un lugar de los Estados Unidos con una playa probablemente te hará tan feliz. No necesitas tener una casa de muchos miles de pies cuadrados. Se desperdicia mucho espacio, además, al final, tienes que limpiar todo; un condominio o cabaña más pequeño puede servirte igual de bien.

En resumen, los símbolos de estatus son caros, llamativos y completamente sin sentido. Hay opciones menos costosas que funcionarán bien, ya sea una casa, un carro o unas vacaciones. De hecho, reducir el tamaño de tu vida puede ser el movimiento correcto para ti. Vender tu gigantesca casa y mudarte a una cabaña más pequeña podría darte el respiro que necesitas para finalmente encontrar la paz que te mereces. Vender el carro que solo guardas en el garaje por vanidad puede darte el dinero que necesitas para aventurarte al otro lado del mundo.

Simplificar tu vida nunca es fácil. No obstante, es uno de los regalos más importantes que podrías darte. Nuestra cultura nos ha condicionado a sentirnos mal por decir "no", y nos castiga por establecer límites a nuestro alrededor y a nuestro tiempo. Para agravar este problema, nuestro miedo a la escasez y la carencia nos impide dejar de lado a las personas, las cosas y las oportunidades en nuestras vidas, incluso si son tóxicas y afectan negativamente nuestra calidad de vida. Puede ser el amigo de hace décadas que nunca ha logrado unir su vida e insiste en fracasar con ellos. Podría ser el único compromiso pequeño que finalmente se convierte en la gota que derrama el vaso. Sea lo que sea, dejar las cosas que ya no te sirve, aunque pueda doler o ser incomodo a corto plazo, es la única forma de garantizar la felicidad a largo plazo.

# Conclusión

Gracias por llegar hasta el final de *El Estilo de Vida Minimalista y Ordenado*. Esperemos que haya sido informativo y sido capaz de proporcionarte todas las herramientas que necesitas para lograr tus objetivos, sean cuales sean.

El siguiente paso es elegir una habitación y comenzar con tu aventura ordenada. Puede parecer abrumador iniciar, ¡pero eso es completamente normal! Lo más importante para recordar es que el cambio incremental sigue siendo el cambio. Puedes comenzar solo con un cajón, pero eventualmente, puedes simplificar toda tu vida.

A medida que comiences a incorporar esta filosofía, podrás utilizar los ejercicios y métodos proporcionados para mejorar tu vida. Después de todo, el minimalismo no se trata solo de organizar tu casa, sino de calmar tu mente, aprender a vivir el momento presente y simplificar tu vida.

Recuerda que aplicar el minimalismo a tu vida no es algo que se salga de un día, sino una filosofía que evolucionará hacia una forma de vida para toda la vida. Poco a poco, puedes aplicar la mentalidad minimalista para despejar los pensamientos no deseados y dejar de revolcarse en el pasado o preocuparse por el futuro. Asimismo, puedes aprender a aprovechar al máximo el tiempo que tienes aquí en la Tierra, aprendiendo a decir compasivamente "no" a las oportunidades cuando tu plato ya está demasiado lleno.

Finalmente, si encuentra este libro útil de alguna manera, ¡siempre se agradece una crítica honesta!

www.ingramcontent.com/pod-product-compliance
Lightning Source LLC
Chambersburg PA
CBHW030252030426
42336CB00009B/356